실생활 회화 문장으로 익히는 사이트 워드 학습법

박은정 지음

바쁜

초등학생을 위한

빠른

사이트 워드 ①

Sight Words

nice

이지스에듀

저자 소개 **박은정**

어린이 영어 교육에 15년 이상 몸담은 영어 교육 전문가입니다. 이화여대 영어교육과를 졸업하고 영어 교육에 대한 이론과 실질적 경험을 결합하여 이상적인 영어 유치원을 운영하겠다는 철학으로 영어 유치원의 커리큘럼을 직접 설계, 운영하였습니다. 서울교육대학원에서 TESOL 교육 석사 과정에서 학문적 바탕도 다졌습니다.

현재는 학부모와 영어교사들을 위한 영어 교육 강의를 진행하고 있습니다. YBM 커리어 캠퍼스에서 미국 교과서 전문가 과정, 파닉스 전문가 과정, 영어 활동 전문가 과정 등의 교육을 진행하고 있으며, 네이버 도치맘 카페를 비롯해 여러 커뮤니티와 유튜브에서 라이브 방송도 진행하고 있습니다.

재미있고 효율적인 영어 교육을 고민하면서 어린이들의 읽기 능력 향상을 위해 ≪바쁜 초등학생을 위한 빠른 사이트 워드≫를 집필하였습니다.

저서로는 ≪아이와 간다면, 캐나다≫, ≪Phonics Cook Book≫이 있습니다.

*인스타그램 @eunjungpark33 / 유튜브 채널 박은정 FunFunEnglish

바쁜 초등학생을 위한 빠른 사이트 워드 ①

초판 1쇄 발행 2021년 1월 5일
초판 5쇄 발행 2024년 4월 1일
지은이 박은정
발행인 이지연
펴낸곳 이지스퍼블리싱(주)
출판사 등록번호 제313-2010-123호
주소 서울시 마포구 잔다리로 109 이지스 빌딩 5층(우편번호 04003)
대표전화 02-325-1722   팩스 02-326-1723
이지스퍼블리싱 홈페이지 www.easyspub.com   이지스에듀 카페 www.easyspub.co.kr
바빠 아지트 블로그 blog.naver.com/easyspub   인스타그램 @easys_edu
페이스북 www.facebook.com/easyspub2014   이메일 service@easyspub.co.kr

본부장 조은미   기획 및 책임 편집 정지연 | 이지혜, 박지연, 김현주   교정 교열 강소영   삽화 이민영, 김학수
표지 및 내지 디자인 정우영, 손한나   조판 이츠북스   인쇄 JS프린팅   마케팅 박정현, 한송이, 이나리
영업 및 문의 이주동, 김요한(support@easyspub.co.kr)   독자 지원 오경신, 박애림

ISBN 979-11-6303-214-4 64740
ISBN 979-11-6303-213-7(세트)
가격 12,000원

• **이지스에듀**는 이지스퍼블리싱(주)의 교육 브랜드입니다.
  (이지스에듀는 학생들을 탈락시키지 않고 모두 목적지까지 데려가는 책을 만듭니다!)

어린이 영어 읽기 독립 선언!
사이트 워드 160개로 영어책 읽기 능력이 향상돼요!

Sight Words 사이트 워드란 무엇일까요? 사이트 워드는 '보자마자 바로 인식되는 단어들', 아주 자주 나오는 단어들이다 보니 '해독하지 않고 바로 읽어 내는 단어들'을 말합니다.

아이들이 한글로 된 책을 읽기까지의 과정을 들여다보면, 수많은 단계를 거치게 됩니다. 자음과 모음을 익히고, 자음과 모음을 조합해 단어를 읽고, 그 단어의 뜻을 이해하는 등의 과정을 거쳐야 '글'을 읽을 수 있고, 마침내 '책'도 스스로 읽을 수 있습니다.

영어도 마찬가지예요. 스스로 글자 먼저 읽어 낼 수 있어야, 단어를 읽고 문장을 읽고 글 전체를 이해하는 과정으로 넘어갈 수 있습니다. 이렇게 영어 읽기를 잘하기 위해서는 소리와 글자의 관계를 이해하고 글자를 해독할 수 있는 파닉스(phonics)라는 기초가 필요합니다. 파닉스 못지않게 중요한 사이트 워드는 어린이들이 읽는 글에서 자주 등장하는 단어로 선정되므로, 사이트 워드를 공부하고 나면 영어로 된 글이나 책 읽기가 훨씬 편해집니다. 그래서 파닉스와 사이트 워드는 동시에 공부하거나 사이트 워드를 먼저 공부하는 것이 영어 읽기에 효과적입니다.

 최신 미국 교과서, 영어 동화, 생활 대화문을 반영한 사이트 워드 책

사이트 워드 목록은 따로 정해져 있지 않지만, 언어학자들이 정리한 단어 목록 몇 가지가 널리 알려져 있습니다. '돌치(Dolch) 박사의 Sight Words List'와 '에드워드 프라이(Fry) 박사의 Sight Words List'가 가장 유명한데, 오래전에 만들어진 목록이다 보니 최신 빈출 단어가 반영되어 있지는 않습니다. 그래서 ≪바쁜 초등학생을 위한 빠른 사이트 워드≫에는 이 두 사이트 워드 목록에 미국 교과서 K1, G1 단계와 영어 동화, 생활 회화, 교실에서 쓰는 영어 문장을 고려하여 최신 사이트 워드 160개 단어를 수록했습니다.

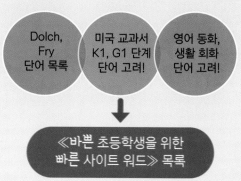

널리 알려진 단어 리스트에 최신 단어를 추가하는 과정을 거친 것이지요. 따라서 이 책을 통해 미국 어린이 영어책 등에 많이 등장하는 최신 단어들을 만나 볼 수 있습니다.

 어휘만 조각조각 익히는 사이트 워드 공부는 그만!
단어를 공부하다 보면 영어 회화까지 저절로 해결되는 책!

'무엇'을 공부하느냐 못지않게 '어떻게' 배우는지도 매우 중요해요. 어휘만 익히는 기존의 사이트 워드 학습보다는 실생활에서 사용하는 문장을 이용해 학습하면 더 의미 있게 효율적으로 익힐 수 있겠죠? 이 책은 단어만 따로 배우지 않고 문장 안

▲ 생활 속 대화문으로 사이트 워드를 익혀요!

에서 배우니 영어 감각을 키울 수 있어요. 또 이 책의 문장들은 교실에서 선생님과 자주 쓰는 표현, 또 집에서 쓸 수 있는 표현들이라 살아 있는 영어 공부가 된답니다. 이 책의 문장들을 집에서 꼭 써먹어 보세요.
이제 이 책으로 일상생활에서 사용할 수 있는 표현을 익히며 사이트 워드를 습득하는 일석이조의 효과를 누릴 수 있어요!

 유튜브로 저자 선생님의 강의와 원어민의 발음을 들으며 배울 수 있어요!

이 책에는 복습을 제외한 모든 유닛에 동영상 강의가 있어요. QR코드를 찍으면 동영상 강의가 나올 거예요. 영어 교육 전문가인 선생님의 설명과 원어민의 발음을 듣고 사이트 워드와 대화 구문을 따라 하기만 하면 발음까지 유창해질 수 있답니다.

글자를 읽을 수 있어야 글 전체를 볼 수 있는 힘이 생기겠지요? 글자를 자동으로 읽어 낼 수 있으면, 글의 전체적인 내용에 집중할 수 있어요. 그것이 바로 사이트 워드의 힘입니다.

지금 바로 사이트 워드 공부를 시작해 보세요. 영어 읽기에 자신감이 생길 거예요!

영어 교육 전문가,
박은정 선생님

4

동영상 강의와 함께 이 책을 공부하는 방법

A단계

먼저 2분! 동영상 강의로
선생님 설명과 원어민 발음을 들으세요.

QR코드를 찍어 동영상 강의를 재생하세요.
박은정 선생님의 설명과 원
어민의 정확한 발음을 들으
면서 사이트 워드와 대화 문
장을 따라 해 보세요.

unit 13 강의

Have a
nice day!

Ⓐ 동영상 강의를 들어 보세요.

unit 13 강의

친구와 헤어질 때 '안녕'이라는 뜻의 "Good bye." 또는 "Bye."를 많이 쓰지만
"Have a nice day!(좋은 하루 보내)"와 같이 인사할 수도 있어요.

B~E단계

따라 쓰고 빈칸을 채우며 단어를 익히세요.

오늘의 단어를 큰 소리로 읽으면서 따라 써 보세요.
그런 다음 알파벳 퍼즐 속에서 단어에 맞는 스펠
링을 찾아보고, 빈칸을 채워 오늘의 단어를 완성
해 보세요.
또 우리말 뜻을 보고 영어 단어를 써낼 수 있도록
연습해 보세요.

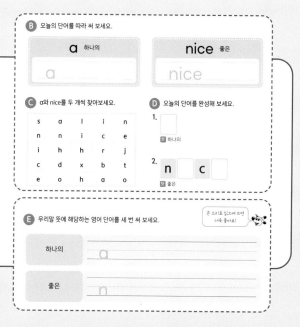

Ⓑ 오늘의 단어를 따라 써 보세요.

a 하나의

a

nice 좋은

nice

Ⓒ a와 nice를 두 개씩 찾아보세요.

s	a	l	i	n
n	n	i	c	e
i	h	h	r	j
c	d	x	b	t
e	o	h	a	o

Ⓓ 오늘의 단어를 완성해 보세요.

1. ☐
   하나의

2. n ☐ c ☐
   좋은

Ⓔ 우리말 뜻에 해당하는 영어 단어를 세 번 써 보세요.

큰 소리로 읽으며 쓰면
더욱 좋아요!

| 하나의 | a |
| 좋은 | n |

F단계

생활 회화 문장 속에서 사이트 워드를 익혀요!

영어 수업 시간에 쓸 수 있는 문장, 친구나 가족들
과 대화할 때 사용하는 필수 회화 문장 속에서 사
이트 워드를 발견할 수 있어요.
이 책을 끝내면 영어 회화 표현도 저절로 익혀질
거예요.

Ⓕ 우리말과 같은 뜻이 되도록 문장을 완성해 보세요.

좋은 하루 보내!

1. Have _____ nice day!

2. Have a _____ day!

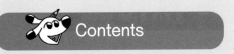

Contents

바쁜 초등학생을 위한 빠른 사이트 워드 ①

모아서 연습하는 힘! 단어는 기억이 희미해지기 전에 한 번 더 익혀야 안 까먹죠. 바로 앞에서 배운 6개 유닛 속 단어가 녹아 있는 문장을 모아 복습하도록 과학적으로 설계했어요!

7

unit 01 Nice to meet you.

Nice to meet you.

 **A** 동영상 강의를 들어 보세요.

unit 01 강의

처음 만나는 친구에게 "Nice to meet you.(만나서 반가워.)"라고 인사해요.
nice 대신 happy를 써서 "Happy to meet you."라고 해도 돼요.

B 오늘의 단어를 따라 써 보세요.

to ~해서

to

meet 만나다

meet

C to와 meet를 2개씩 찾아보세요.

s	i	t	q	x
m	w	o	k	h
e	m	e	e	t
e	w	h	I	u
t	o	p	b	a

D 오늘의 단어를 완성해 보세요.

1.

| t | |

뜻 ~해서

2.

| | e | | t |

뜻 만나다

8

E 우리말 뜻에 해당하는 영어 단어를 세 번 써 보세요.

| ~해서 | to |
| 만나다 | meet |

F 우리말과 같은 뜻이 되도록 문장을 완성해 보세요.

 만나서 반가워.

1. Nice _____ meet you.

2. Nice to _____ you.

3. Nice _____ _____ you.

 Nice to meet you.

4. Nice _____ _____ _____.

 은정쌤의 한마디 ----- 문장의 첫 글자는 꼭 대문자로 써야 해요. 문장 끝에는 마침표(.)나 물음표(?)와 같은 문장 부호를 붙여 주세요.

unit 02 I am Terry.

Nice to meet you.
I am Terry.

동영상 강의를 들어 보세요.

unit 02 강의

"Nice to meet you."라고 인사한 다음 내 소개를 먼저 하는 것이 예의예요.
"I am Terry.(나는 테리야.)"처럼요.

 오늘의 단어를 따라 써 보세요.

I 나
I

am ~이다
am

 I와 am을 2개씩 찾아보세요.

s	y	t	q	x
m	w	a	m	h
v	I	e	s	t
e	w	a	I	u
t	o	m	b	a

 오늘의 단어를 완성해 보세요.

1.

뜻 나

2. a

뜻 ~이다

10

E 우리말 뜻에 해당하는 영어 단어를 세 번 써 보세요.

나	I

| ~이다 | a |

F 우리말과 같은 뜻이 되도록 문장을 완성해 보세요.

나는 테리야.

1. _____ am Terry.

2. I _____ Terry.

3. _____ _____ Terry.

I am Terry.

4. I _____ _____.

은정쌤의
한마디
'나' 라는 의미의 'I' 는 항상 대문자로 써야 해요. "Who am I?(나는 누구일까?)"처럼요.

모아서 연습하기 1st

A **to, meet, I, am** 단어를 따라가면 고양이를 피해 치즈를 구할 수 있어요. 선으로 길을 표시해 보세요.

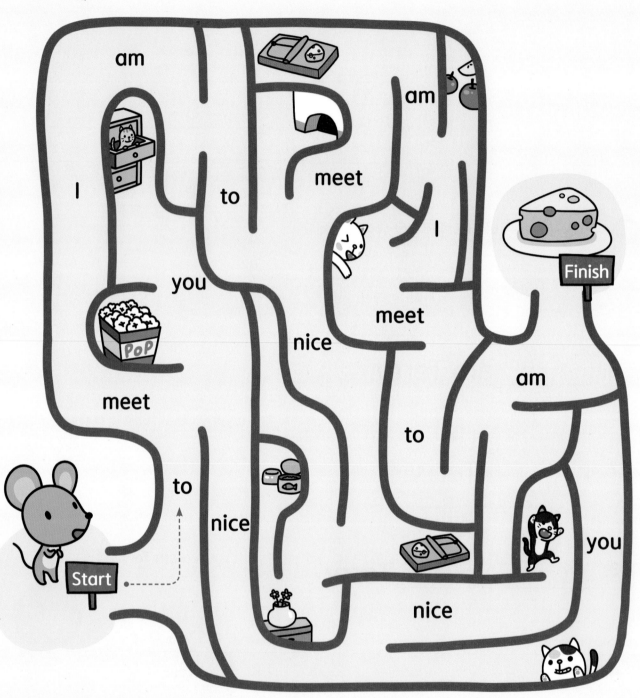

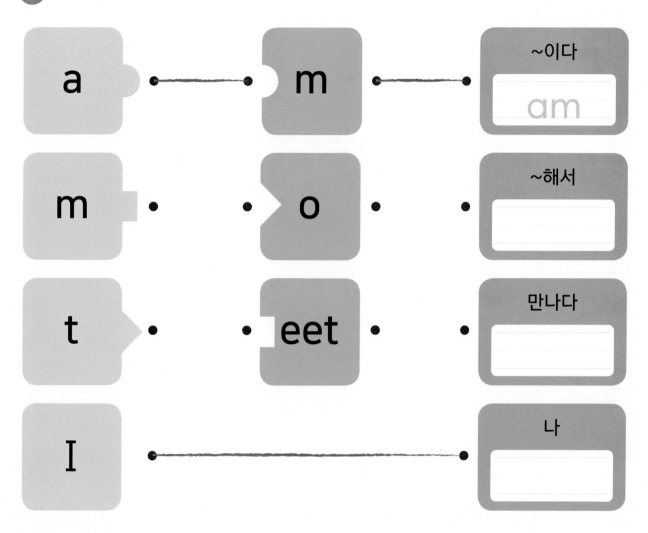

| | | ~이다 |
| a | m | am |

| | | ~해서 |
| m | o | |

| | | 만나다 |
| t | eet | |

| | | 나 |
| I | | |

C 빈칸에 알맞은 단어를 넣어 대화를 완성해 보세요.

Nice _____ _____ you.
만나서 반가워.

_____ _____ Terry.
나는 테리야.

13

unit 04 What is your name?

What is your name?

A 동영상 강의를 들어 보세요.

unit 04 강의

나를 소개한 다음 친구의 이름을 물어볼 차례예요. 친구의 이름을 물어볼 때는 "What is your name?(너의 이름이 뭐야?)"이라고 합니다. 줄여서 "What's your name?"이라고 해도 좋아요.

B 오늘의 단어를 따라 써 보세요.

what 무엇

what

your 너의

your

C what과 your를 두 개씩 찾아보세요.

s	y	o	u	r
y	w	h	a	t
o	m	a	s	k
u	w	h	a	t
r	o	p	b	a

D 오늘의 단어를 완성해 보세요.

1. w [ ] [ ] t
뜻 무엇

2. [ ] o [ ] r
뜻 너의

14

E 우리말 뜻에 해당하는 영어 단어를 세 번 써 보세요.

무엇	W

| 너의 | y |

F 우리말과 같은 뜻이 되도록 문장을 완성해 보세요.

 너의 이름이 뭐야?

1. _____ is your name?

2. What is _____ name?

3. _____ is _____ name?

What is your name?

4. _____ is _____ _____ ?

은정쌤의 한마디 ― 문장의 첫 단어인 What의 W는 꼭 대문자로 써야 해요.

unit 05 My name is Amy.

A 동영상 강의를 들어 보세요.

unit 05 강의

누군가 나에게 "What is your name?(너의 이름이 뭐야?)"이라고 물어보면
"My name is ○○○.(나의 이름은 ○○○이야.)"라고 대답하면 돼요.

B 오늘의 단어를 따라 써 보세요.

C my와 is를 2개씩 찾아보세요.

s	c	I	u	r
m	y	h	a	t
y	t	i	s	k
u	w	p	a	t
r	i	s	q	a

D 오늘의 단어를 완성해 보세요.

1.

뜻 나의

2.

뜻 ~이다

E 우리말 뜻에 해당하는 영어 단어를 세 번 써 보세요.

큰 소리로 읽으며 쓰면
더욱 좋아요!

나의	m
~이다	i

F 우리말과 같은 뜻이 되도록 문장을 완성해 보세요.

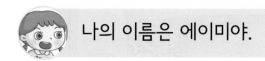 나의 이름은 에이미야.

1. _____ name is Amy.

2. My name _____ Amy.

3. _____ name _____ Amy.

4. _____ _____ _____ Amy.

My name
is Amy.

 은정쌤의
한마디 ┄ 사람 이름의 첫 글자는 항상 대문자로 시작해요. Amy의 첫 글자도 대문자이지요? "내 이름은 은정이에요."라고 할 때에도 "My
name is Eunjung."이라고 해요.

모아서 연습하기 2nd

A **what**, **your**, **my**, **is** 단어를 따라가면 성에 갇힌 공주님을 구할 수 있어요. 선으로 길을 표시해 보세요.

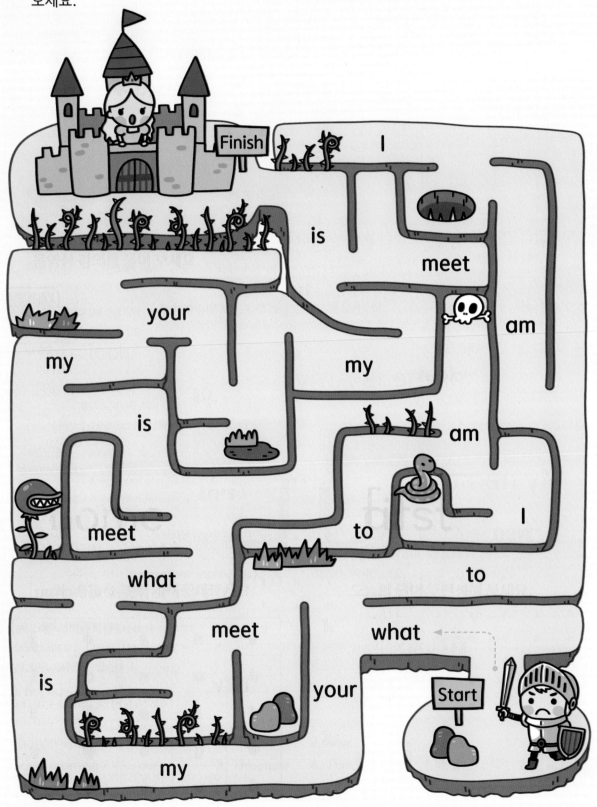

B Word Box에서 알맞은 단어를 골라 문장을 완성해 보세요.

Word Box

I   What   your   am   to

is   My   you   meet

1. 너의 이름이 뭐야?   _____ is _____ name?

2. 나의 이름은 에이미야.   _____ name _____ Amy.

3. 만나서 반가워.   Nice to _____ you.

4. 나는 테리야.   _____ am Terry.

5. 만나서 반가워.   Nice _____ meet _____.

6. 나는 테리야.   I _____ Terry.

C 빈칸에 알맞은 단어를 넣어 대화를 완성해 보세요.

_____ is _____ name?
너의 이름이 뭐야?

_____ name _____ Amy.
나의 이름은 에이미야.

How are you?

A 동영상 강의를 들어 보세요.

unit 07 강의

"어떻게 지내?"라고 물어볼 때 "How are you?"라는 표현을 씁니다.

B 오늘의 단어를 따라 써 보세요.

 how 어떻게

how

 are ~이다

are

C how와 are을 두 개씩 찾아보세요.

s	a	r	e	r
h	o	w	a	t
o	h	a	s	k
u	o	r	a	t
r	w	e	b	a

D 오늘의 단어를 완성해 보세요.

1.

h

뜻 어떻게

2.

a   e

뜻 ~이다

20

E 우리말 뜻에 해당하는 영어 단어를 세 번 써 보세요.

어떻게	h

| ~이다 | a |

F 우리말과 같은 뜻이 되도록 문장을 완성해 보세요.

어떻게 지내?

1. _____ are you?

2. How _____ you?

3. _____ _____ you?

4. How _____ _____?

How are you?

은정쌤의 한마디 ─ 영어는 억양이 중요해요. "How are you?"라고 말할 때에는 문장의 끝을 내려야 해요.

Great! Thank you.

How are you?

Great! Thank you.

 **A** 동영상 강의를 들어 보세요.

unit 08 강의

"How are you?"라고 어떻게 지내는지 물으면 다양한 표현으로 대답할 수 있어요.
"Great! Thank you.(아주 좋아! 고마워.)", "Not bad.(나쁘지 않아.)"처럼요.

B 오늘의 단어를 따라 써 보세요.

great 훌륭한, 아주 좋은

great

thank 고마워하다

thank

C great와 thank를 두 개씩 찾아보세요.

t	g	r	t	g
h	r	w	h	r
a	e	a	a	e
n	a	r	n	a
k	t	e	k	t

D 오늘의 단어를 완성해 보세요.

1.
g □ □ □ **t**

뜻 훌륭한, 아주 좋은

2.
□ **h** **a** □ □

뜻 고마워하다

22

E 우리말 뜻에 해당하는 영어 단어를 세 번 써 보세요.

큰 소리로 읽으며 쓰면 더욱 좋아요!

| 훌륭한, 아주 좋은 | g |
| 고마워하다 | t |

F 우리말과 같은 뜻이 되도록 문장을 완성해 보세요.

아주 좋아! 고마워.

1. _____! Thank you.

2. Great! _____ you.

3. _____! _____ you.

Great! Thank you.

4. Great! _____ _____.

은정쌤의 한마디 상대방이 "Thank you."라고 말하면 "You're welcome.(천만에요.)" 또는 "My pleasure.(도움이 되어 기뻐요.)"라고 대답할 수 있어요.

모아서 연습하기 3rd

A 빈칸을 모두 채워야 컵케이크를 먹을 수 있어요. 컵케이크의 빈칸에 알맞은 단어나 뜻을 쓰세요.

B Word Box에서 알맞은 단어를 골라 문장을 완성해 보세요.

Word Box

How   your   Great   am   Thank

What   are   is   My   to   meet   I

1. 어떻게 지내?   _____ _____ you?

2. 아주 좋아! 고마워.   _____! _____ you.

3. 너의 이름이 뭐야?   _____ is _____ name?

4. 나의 이름은 에이미야.   _____ name _____ Amy.

5. 만나서 반가워.   Nice _____ _____ you.

6. 나는 테리야.   _____ _____ Terry.

C 빈칸에 알맞은 단어를 넣어 대화를 완성해 보세요.

_____
_____ you?
어떻게 지내?

_____!
_____ you.
아주 좋아! 고마워.

unit 10 Where do you live?

Where do you live?

A 동영상 강의를 들어 보세요.

unit 10 강의

어디서 사는지 물을 때 "Where do you live?(너는 어디에 살아?)"라고 해요.

B 오늘의 단어를 따라 써 보세요.

where 어디에	do 〈다른 동사 앞에서 질문하는 문장을 만들 때〉, 하다
where	do

C where과 do를 두 개씩 찾아보세요.

s	a	w	e	r
h	o	h	a	t
w	h	e	r	e
u	d	r	a	t
r	o	e	d	o

D 오늘의 단어를 완성해 보세요.

1. **w** □ □ **e**
뜻 어디에

2. **d** □
뜻 〈다른 동사 앞에서 질문하는 문장을 만들 때〉, 하다

26

E 우리말 뜻에 해당하는 영어 단어를 세 번 써 보세요.

어디에	W
〈다른 동사 앞에서 질문하는 문장을 만들 때〉, 하다	d

F 우리말과 같은 뜻이 되도록 문장을 완성해 보세요.

너는 어디에 살아?

1. _____ do you live?

2. Where _____ you live?

3. _____ _____ you live?

4. _____ _____ _____ live?

Where do you live?

은정쌤의 한마디 — "Where do you live?"라고 말할 때에는 문장 끝을 내려야 해요. where(어디에), what(무엇), how(어떻게)로 시작하는 질문은 끝을 내려서 말해요.

I live in Sejong.

 A 동영상 강의를 들어 보세요.

unit 11 강의

"Where do you live?"라고 물어보면 "I live in Sejong.(나는 세종에서 살아.)"과 같이 대답할 수 있어요. Sejong과 같은 도시 이름 뿐 아니라 동네, 나라 이름 등을 써도 좋아요.

 B 오늘의 단어를 따라 써 보세요.

live 살다	in ~에
live	in

C live와 in을 두 개씩 찾아보세요.

s	a	l	i	n
h	l	i	v	e
w	h	v	r	j
i	d	e	a	t
n	o	h	d	o

D 오늘의 단어를 완성해 보세요.

1. ☐ ☐ ☐ **e**

뜻 살다

2. **i** ☐

뜻 ~에

28

E 우리말 뜻에 해당하는 영어 단어를 세 번 써 보세요.

큰 소리로 읽으며 쓰면 더욱 좋아요!

살다	
~에	

F 우리말과 같은 뜻이 되도록 문장을 완성해 보세요.

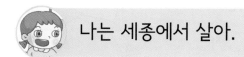 나는 세종에서 살아.

1. I _____ in Sejong.

2. I live _____ Sejong.

3. I _____ _____ Sejong.

I live in Sejong.

4. _____ _____ _____ Sejong.

은정쌤의 한마디 ⟩ Sejong(세종), Seoul(서울), Korea(대한민국), Canada(캐나다) 등 세상에 하나밖에 없는 지명은 첫 글자를 대문자로 써요.

모아서 복습하기 4th

A 여기는 농구 경기장이에요. where과 do가 적힌 옷을 입은 친구는 노랑 팀, live와 in이 적힌 옷을 입은 친구는 초록 팀이에요. 팀 이름에 맞게 옷에 색을 칠해 주세요.

 농구공을 가지고 있는 팀의 옷에 적힌 단어는?

B Word Box에서 알맞은 단어를 골라 문장을 완성해 보세요.

Word Box

How   do   your   Great   Thank

What   live   are   is   Where   My   in

1. 너는 어디에 살아?　_____ _____ you live?

2. 나는 세종에서 살아.　I _____ _____ Sejong.

3. 어떻게 지내?　_____ _____ you?

4. 아주 좋아! 고마워.　_____! _____ you.

5. 너의 이름은 뭐야?　_____ is _____ name?

6. 나의 이름은 에이미야.　_____ name _____ Amy.

C 빈칸에 알맞은 단어를 넣어 대화를 완성해 보세요.

_____
_____
you live?
넌 어디에 살아?

I _____
_____ Sejong.
나는 세종에서 살아.

unit 13 Have a nice day!

Have a nice day!

A 동영상 강의를 들어 보세요.

unit 13 강의

친구와 헤어질 때 '안녕'이라는 뜻의 "Good bye." 또는 "Bye."를 많이 쓰지만 "Have a nice day!(좋은 하루 보내!)"와 같이 인사할 수도 있어요.

B 오늘의 단어를 따라 써 보세요.

a 하나의
a

nice 좋은
nice

C a와 nice를 두 개씩 찾아보세요.

s	a	l	i	n
n	n	i	c	e
i	h	h	r	j
c	d	x	b	t
e	o	h	a	o

D 오늘의 단어를 완성해 보세요.

1.
☐
뜻 하나의

2.
n ☐ c ☐
뜻 좋은

32

E 우리말 뜻에 해당하는 영어 단어를 세 번 써 보세요.

하나의	a
좋은	n

F 우리말과 같은 뜻이 되도록 문장을 완성해 보세요.

 좋은 하루 보내!

1. Have _____ nice day!

2. Have a _____ day!

3. Have _____ _____ day!

Have a nice day!

4. Have _____ _____ _____!

 은정쌤의 한마디 > nice 대신 good을 써서 "Have a good day."라고 할 수도 있어요.

A 동영상 강의를 들어 보세요.

unit 14 강의

"Have a nice day!"하고 인사한 친구에게 "Have a nice day, too!(너도 좋은 하루 보내!)"하고 인사해 보세요. 보통 줄여서 "You too!"라고 말해요.

B 오늘의 단어를 따라 써 보세요.

you 너, 당신
you

too 역시
too

C you와 too를 두 개씩 찾아보세요.

t	o	o	i	g
n	m	i	y	e
i	h	t	o	j
c	y	o	u	l
e	d	o	k	o

D 오늘의 단어를 완성해 보세요.

1. ☐ ☐ **u**

뜻 너, 당신

2. **t** ☐ ☐

뜻 역시

E 우리말 뜻에 해당하는 영어 단어를 세 번 써 보세요.

| 너, 당신 | y |
| 역시 | t |

F 우리말과 같은 뜻이 되도록 문장을 완성해 보세요.

너도!

1. _____ too!

2. You _____!

3. _____ _____!

4. _____!

You too!

은정쌤의 한마디 ▶ too는 '~도 또한' 이라는 뜻으로 문장 끝에서 사용해요.

모아서 복습하기 5th

A a, nice, you, too 단어를 따라가면 할머니를 만날 수 있어요. 선으로 길을 표시해 보세요.

B Word Box에서 알맞은 단어를 골라 문장을 완성해 보세요.

Word Box

Where   do   a   Thank   live

in   nice   too   How   are   Great

1. 좋은 하루 보내!   Have _____ _____ day!

2. 너도!   You _____!

3. 너는 어디에 살아?   _____ _____ you live?

4. 나는 세종에서 살아.   I _____ _____ Sejong.

5. 어떻게 지내?   _____ _____ you?

6. 최고야! 고마워.   _____ ! _____ you.

C 빈칸에 알맞은 단어를 넣어 대화를 완성해 보세요.

Have _____ _____ day!
좋은 하루 보내!

_____ _____!
너도!

37

unit 16 I will go camping.

I will go camping.

A 동영상 강의를 들어 보세요.

unit 16 강의

"I will go camping.(나는 캠핑하러 갈 거야.)"처럼 '~을 하러 가다' 라고 할 때 'go ~ing' 표현을 사용해요. 그래서 '스키를 타러 가다'는 'go skiing'이라고 해요.

B 오늘의 단어를 따라 써 보세요.

will 할 것이다	go 가다
will	go

C will과 go를 두 개씩 찾아보세요.

s	a	l	i	n
n	g	o	c	w
i	s	h	g	i
c	d	x	o	l
e	w	i	l	l

D 오늘의 단어를 완성해 보세요.

1.
w ☐ ☐ ☐
뜻 할 것이다

2.
g ☐
뜻 가다

E 우리말 뜻에 해당하는 영어 단어를 세 번 써 보세요.

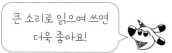
큰 소리로 읽으며 쓰면 더욱 좋아요!

할 것이다	w
가다	g

F 우리말과 같은 뜻이 되도록 문장을 완성해 보세요.

나는 캠핑하러 갈 거야.

1. I _____ go camping.

2. I will _____ camping.

3. I _____ _____ camping.

I will go camping.

4. _____ _____ _____ camping.

은정쌤의 한마디

'~을 할 거야' 라고 말할 때는 'will'을 써요. 그래서 "나는 영어를 공부할 거야."는 "I will study English."라고 말하면 돼요.

Have fun!

I will go camping.

Have fun!

A 동영상 강의를 들어 보세요.

unit 17 강의

"Have fun!(재미있게 보내!)" 대신 "Have a good time!" 또는 "Enjoy!"라는 표현을 쓸 수도 있어요.

B 오늘의 단어를 따라 써 보세요.

have 가지다

have

fun 재미

fun

C have와 fun을 두 개씩 찾아보세요.

s	h	a	v	e
h	f	u	n	w
a	i	h	g	f
v	d	x	o	u
e	w	d	l	n

D 오늘의 단어를 완성해 보세요.

1.

	a		

뜻 가지다

2.

f		

뜻 재미

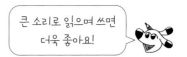

E 우리말 뜻에 해당하는 영어 단어를 세 번 써 보세요.

| 가지다 | h |
| 재미 | f |

F 우리말과 같은 뜻이 되도록 문장을 완성해 보세요.

 재미있게 보내!

1. Have _____!

2. _____ fun!

3. _____ _____!

4. _____!

Have fun!

은정쌤의
한마디
"Have a nice day!(좋은 하루 보내!)"와 "Have fun!(재미있게 보내!)"을 배웠어요. 'have'는 뜻이 아주 다양한데, 여기에서는
'가지다, 보내다' 라는 의미로 사용했어요.

모아서 복습하기 6th

A 빈칸을 모두 채워야 컵케이크를 먹을 수 있어요. 컵케이크의 빈칸에 알맞은 단어나 뜻을 쓰세요.

야호! 다 채웠어!

B Word Box에서 알맞은 단어를 골라 문장을 완성해 보세요.

Word Box

Have   do   will   in   a   nice
You   live   go   Where   fun

1. 나는 캠핑하러 갈 거야.   I _____ _____ camping.

2. 재미있게 보내!   _____ _____!

3. 좋은 하루 보내!   Have _____ _____ day!

4. 너도!   _____ too!

5. 너는 어디에 살아?   _____ _____ you live?

6. 나는 세종에서 살아.   I _____ _____ Sejong.

C 빈칸에 알맞은 단어를 넣어 대화를 완성해 보세요.

I _____ _____ camping.
나는 캠핑하러 갈 거야.

_____ _____!
재미있게 보내!

How was your day?

How was
your day?

A 동영상 강의를 들어 보세요.

unit 19 강의

'How was ~ ?'라는 표현은 '~이 어땠어?'라고 묻고 싶을 때 써요. '지난 주말이 어땠어?'는 "How was your weekend?"라고 하면 된답니다.

B 오늘의 단어를 따라 써 보세요.

was ~였다
was

day 하루, 일, 날
day

C was와 day를 두 개씩 찾아보세요.

s	a	k	i	n
d	g	w	c	p
a	w	a	s	i
y	g	s	o	l
e	w	d	a	y

D 오늘의 단어를 완성해 보세요.

1. **w** ☐ ☐

뜻 ~였다

2. **d** ☐ ☐

뜻 하루, 일, 날

44

E 우리말 뜻에 해당하는 영어 단어를 세 번 써 보세요.

~였다	w
하루, 일, 날	d

F 우리말과 같은 뜻이 되도록 문장을 완성해 보세요.

오늘 하루 어땠어?

1. How _____ your day?

2. How was your _____?

3. How _____ your _____?

How was your day?

4. How _____ _____ _____?

unit 20 Not so bad.

How was your day?

Not so bad.

ENGLISH

A 동영상 강의를 들어 보세요.

unit 20 강의

"How was your day?"라고 물으면 오늘이 어땠는지 다양한 표현으로 대답해 보세요. 특별히 나쁘지 않았다면 "Not so bad.(괜찮았어요.)", 정말 좋은 하루였다면 "I had a great day.(최고의 날이었어요.)" 하고 대답할 수 있어요.

B 오늘의 단어를 따라 써 보세요.

so 너무
so

bad 나쁜
bad

C so와 bad를 두 개씩 찾아보세요.

s	o	k	i	n
e	a	b	c	s
a	w	a	s	i
b	a	d	o	l
e	w	r	b	y

D 오늘의 단어를 완성해 보세요.

1. S ☐
뜻 너무

2. ☐ ☐ d
뜻 나쁜

46

큰 소리로 읽으며 쓰면
더욱 좋아요!

| 너무 | s |
| 나쁜 | b |

F 우리말과 같은 뜻이 되도록 문장을 완성해 보세요.

괜찮았어요. (괜찮아요, 나쁘지 않았어요.)

1. Not _____ bad.

2. Not so _____.

3. Not _____ _____.

Not so
bad.

4. _____ _____ _____.

은정쌤의
한마디 "How are you?(어떻게 지내?)"라고 질문을 받았을 때에도 '나쁘지 않게 지내고 있다'는 의미로 "Not so bad."라고 대답할 수 있
어요.

모아서 복습하기 7th

A 여기는 농구 경기장이에요. was와 day가 적힌 옷을 입은 친구는 빨강 팀, so와 bad가 적힌 옷을 입은 친구는 초록 팀이에요. 팀 이름에 맞게 옷에 색을 칠해 주세요.

 농구공을 가지고 있는 팀의 옷에 적힌 단어는?

B Word Box에서 알맞은 단어를 골라 문장을 완성해 보세요.

Word Box

a   will   day   You   go

fun   nice   so   bad   was

1. 오늘 하루 어땠어?   How _____ your _____?

2. 괜찮았어요.   Not _____ _____.

3. 나는 캠핑하러 갈 거야.   I _____ _____ camping.

4. 재미있게 보내!   Have _____!

5. 좋은 하루 보내!   Have _____ _____ day!

6. 너도!   _____ too!

C 빈칸에 알맞은 단어를 넣어 대화를 완성해 보세요.

How _____ your _____?
오늘 하루 어땠어?

Not _____ _____.
괜찮았어요.

49

unit 22 I like the pizza.

I like the pizza.

A 동영상 강의를 들어 보세요.

unit 22 강의

"I like the pizza.(나는 이 피자를 좋아해요.)"는 지금 먹고 있는 바로 이 피자가 맛있다는 뜻이에요.

B 오늘의 단어를 따라 써 보세요.

like 좋아하다	the 〈말해서 이미 알고 있는 사물 앞에〉, 그
like	the

C like와 the를 두 개씩 찾아보세요.

l	l	y	a	n
i	t	i	b	l
k	h	g	k	i
e	e	x	e	k
c	t	h	e	e

D 오늘의 단어를 완성해 보세요.

1. l [ ] [ ] e

뜻 좋아하다

2. t [ ] [ ]

뜻 〈말해서 이미 알고 있는 사물 앞에〉, 그

E 우리말 뜻에 해당하는 영어 단어를 세 번 써 보세요.

좋아하다

〈말해서 이미 알고
있는 사물 앞에〉, 그

F 우리말과 같은 뜻이 되도록 문장을 완성해 보세요.

나는 이 피자를 좋아해요.

1. I _____ the pizza.

2. I like _____ pizza.

3. I _____ _____ pizza.

I like the pizza.

4. _____ _____ _____ pizza.

은정쌤의
한마디
'the' 는 이미 언급되었거나 쉽게 알 수 있는 사람 또는 사물 앞에 붙여요. 사이트 워드 중에서 가장 많이 쓰여요.

Are you full? More pizza?

I like the pizza.

Are you full?
More pizza?

Are you full?
More pizza?

A 동영상 강의를 들어 보세요.

unit 23 강의

full이라는 단어는 '가득 찬' 이라는 의미가 있어요. "Are you full?"은 (배가) 가득 찬 것이니 "배 부르니?"라는 뜻이겠죠?

B 오늘의 단어를 따라 써 보세요.

full 배부른, 가득 찬

full

more 더 많은

more

C full과 more를 2개씩 찾아보세요.

f	u	l	l	f
u	j	m	y	u
l	m	o	r	e
l	q	r	u	t
a	y	e	k	c

D 오늘의 단어를 완성해 보세요.

1. ☐ **u** ☐ ☐

뜻 배부른, 가득 찬

2. ☐ **o** ☐ **e**

뜻 더 많은

52

E 우리말 뜻에 해당하는 영어 단어를 세 번 써 보세요.

배부른, 가득 찬	f
더 많은	m

F 우리말과 같은 뜻이 되도록 문장을 완성해 보세요.

배 부르니? 피자 더 먹을래?

1. Are you _____? More pizza?

2. Are you full? _____ pizza?

3. Are you _____? _____ pizza?

4. Are _____ _____? _____ pizza?

Are you full? More pizza?

은정쌤의 한마디 — "물을 더 주세요."라는 말을 할 때에도 more를 사용해요. "More water, please."처럼요.

모아서 연습하기 8th

A like, the, full, more 단어를 따라가면 행성에 도착할 수 있어요. 선을 그어 길을 표시해 보세요.

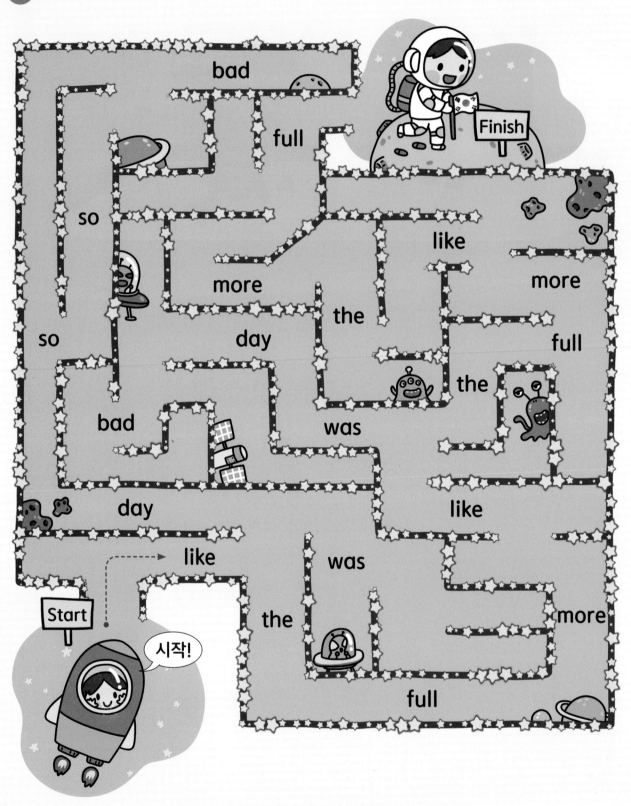

B Word Box에서 알맞은 단어를 골라 문장을 완성해 보세요.

Word Box

| was | like | so | More | day | the |
| full | bad | will | Have | go | fun |

1. 나는 이 피자를 좋아해요.   I _____ _____ pizza.

2. 배 부르니? 피자 더 먹을래?   Are you _____? _____ pizza?

3. 오늘 하루 어땠어?   How _____ your _____?

4. 괜찮았어요.   Not _____ _____.

5. 나는 캠핑하러 갈 거야.   I _____ _____ camping.

6. 재미있게 보내!   _____ _____!

C 빈칸에 알맞은 단어를 넣어 대화를 완성해 보세요.

I _____
_____ pizza.
나는 이 피자를 좋아해요.

Are you _____?
_____ pizza?
배 부르니? 피자 더 먹을래?

unit 25 Who is she?

Who is she?

unit 25 강의

"Who is she?"는 "그녀는 누구야?"라는 질문이에요. '그녀' 대신 '그'가 누구인지 묻고 싶다면 "Who is he?"라고 해요.

B 오늘의 단어를 따라 써 보세요.

who 누구

who

she 그녀

she

C who와 she를 두 개씩 찾아보세요.

y	a	s	p	l
b	w	h	o	w
u	s	e	d	i
w	h	o	m	j
q	e	s	x	h

D 오늘의 단어를 완성해 보세요.

1. **w** ☐ ☐
뜻 누구

2. ☐ ☐ **e**
뜻 그녀

56

E 우리말 뜻에 해당하는 영어 단어를 세 번 써 보세요.

| 누구 | w |
| 그녀 | s |

F 우리말과 같은 뜻이 되도록 문장을 완성해 보세요.

그녀는 누구야?

1. _____ is she?

2. Who is _____?

3. _____ is _____?

Who is she?

4. _____ _____ _____?

 은정쌤의 한마디 ▷ 동사는 어울리는 짝이 있어요. is는 she와 어울리는 짝이에요. 'she is'를 같이 묶어서 기억해 주세요.

She is my best friend.

She is my best friend.

Who is she?

A 동영상 강의를 들어 보세요.

unit 26 강의

"Who is she?"라고 물어보면 "She is my best friend.(그녀는 나의 가장 친구야.)"처럼 대답해요. "Who is he?(그는 누구야?)" 하고 남자에 대해 물으면 "He is my best friend.(그는 나의 가장 친한 친구야.)"라고 해요.

B 오늘의 단어를 따라 써 보세요.

best 최고의, 가장
best

friend 친구
friend

C best와 friend를 2개씩 찾아보세요.

w	e	j	b	a	r
f	r	i	e	n	d
h	o	y	s	b	t
b	e	s	t	k	p
f	r	i	e	n	d

D 오늘의 단어를 완성해 보세요.

1. ☐ e ☐ ☐
뜻 최고의, 가장

2. f ☐ ☐ e ☐ ☐
뜻 친구

58

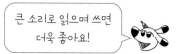
E 우리말 뜻에 해당하는 영어 단어를 세 번 써 보세요.

| 최고의, 가장 | b |
| 친구 | f |

F 우리말과 같은 뜻이 되도록 문장을 완성해 보세요.

 그녀는 나의 가장 친한 친구야.

1. She is my _____ friend.

2. She is my best _____.

3. She is my _____ _____.

4. She is _____ _____ _____.

She is my best friend.

은정쌤의
한마디
unit 05에서 배운 'my'를 기억하고 있나요? '나의 이름'은 'my name', '나의 가장 친한 친구'는 'my best friend'라고 표현할
수 있어요.

A 빈칸을 모두 채워야 컵케이크를 먹을 수 있어요. 컵케이크의 빈칸에 알맞은 단어나 뜻을 쓰세요.

B Word Box에서 알맞은 단어를 골라 문장을 완성해 보세요.

Word Box

was	friend	full	day	the	so
bad	like	More	Who	she	best

1. 그녀는 누구야?

_____ is _____?

2. 그녀는 나의 가장 친한 친구야.

She is my _____ _____.

3. 나는 이 피자를 좋아해요.

I _____ _____ pizza.

4. 배 부르니? 피자 더 먹을래?

Are you _____? _____ pizza?

5. 오늘 하루 어땠어?

How _____ your _____?

6. 괜찮았어요.

Not _____ _____.

C 빈칸에 알맞은 단어를 넣어 대화를 완성해 보세요.

_____ is _____?
그녀는 누구야?

She is my _____ _____.
그녀는 나의 가장 친한 친구야.

unit 28 Does he have any brothers?

Does he have any brothers?

A 동영상 강의를 들어 보세요.

unit 28 강의

질문을 할 때는 'Do'나 'Does'로 문장을 시작해요. "Does he have any brothers?(그는 형제가 있어?)"와 같이 he와 관련된 질문을 할 때에는 'Does'로 문장을 시작해요.

B 오늘의 단어를 따라 써 보세요.

does 〈다른 동사 앞에서 질문하는 문장을 만들 때〉, 하다

does

any 어떤

any

C does와 any를 두 개씩 찾아보세요.

d	b	s	i	h
o	d	o	e	s
e	f	a	n	y
s	q	n	p	e
z	l	y	a	d

D 오늘의 단어를 완성해 보세요.

1. ☐ ☐ e ☐

뜻 〈다른 동사 앞에서 질문하는 문장을 만들 때〉, 하다

2. a ☐ ☐

뜻 어떤

우리말 뜻에 해당하는 영어 단어를 세 번 써 보세요.

| 〈다른 동사 앞에서 질문하는 문장을 만들 때〉, 하다 | d |
| 어떤 | a |

F 우리말과 같은 뜻이 되도록 문장을 완성해 보세요.

그는 형제가 있어?

1. _____ he have any brothers?

2. Does he have _____ brothers?

Does he have any brothers?

3. _____ he have _____ brothers?

4. _____ _____ have _____ brothers?

63

unit 29 Yes, he has one brother.

Does he have any brothers?

Yes, he has one brother.

A 동영상 강의를 들어 보세요.

unit 29 강의

"Does he have any brothers?(그는 형제가 있어?)"라는 질문에 그가 형제가 (한 명) 있으면 "Yes, he has one brother.(응, 그는 형제 한 명이 있어.)"라고 대답할 수 있어요. 형제가 없다면 "No, he doesn't.(아니, 없어.)"라고 대답해요.

B 오늘의 단어를 따라 써 보세요.

he 그	has 가지다
he	has

C he와 has를 두 개씩 찾아보세요.

t	a	h	e	m
r	h	b	g	q
u	a	w	h	a
n	s	h	a	v
e	w	e	s	y

D 오늘의 단어를 완성해 보세요.

1. h ☐
뜻 그

2. ☐ ☐ s
뜻 가지다

64

E 우리말 뜻에 해당하는 영어 단어를 세 번 써 보세요.

그	h

가지다	h

F 우리말과 같은 뜻이 되도록 문장을 완성해 보세요.

 응, 그는 형제 한 명이 있어.

1. Yes, _____ has one brother.

2. Yes, he _____ one brother.

Yes, he has one brother.

3. Yes, _____ _____ one brother.

4. _____, _____ _____ one brother.

 은정쌤의 한마디 : 'have'라는 동사가 he, she, it 다음에 놓일 때는 'has'로 모양이 바뀐답니다. "He has one brother."문장에서 처럼요.

모아서 연습하기 10th

A 여기는 농구 경기장이에요. does와 any가 적힌 옷을 입은 친구는 분홍 팀, he와 has가 적힌 옷을 입은 친구는 파랑 팀이에요. 팀 이름에 맞게 옷에 색을 칠해 주세요.

 농구공을 가지고 있는 팀의 옷에 적힌 단어는?

_____   _____

B Word Box에서 알맞은 단어를 골라 문장을 완성해 보세요.

Word Box

has   friend   full   he   the   any

Does   like   More   Who   she   best

1. 그는 형제가 있어?

_____ he have _____ brothers?

2. 응, 그는 형제 한 명이 있어.

Yes, _____ _____ one brother.

3. 그녀는 누구야?

_____ is _____?

4. 그녀는 나의 가장 친한 친구야.

She is my _____ _____.

5. 나는 이 피자를 좋아해요.

I _____ _____ pizza.

6. 배 부르니? 피자 더 먹을래?

Are you _____? _____ pizza?

C 빈칸에 알맞은 단어를 넣어 대화를 완성해 보세요.

_____ he have _____ brothers?

그는 형제가 있어?

Yes, _____ _____ one brother.

응, 그는 형제 한 명이 있어.

unit 31 Time to get up!

Time to get up!

A 동영상 강의를 들어 보세요.

unit 31 강의

"Time to get up!(일어날 시간이야!)"처럼 '~할 시간이야' 라고 할때 'Time to ~'라는 표현을 사용해요. "잠자리에 들 시간이야."는 "Time to go to bed."라고 하면 되겠죠?

B 오늘의 단어를 따라 써 보세요.

time 시간	get 얻다, 받다
time	get

C time과 get을 두 개씩 찾아보세요.

w	t	i	m	e
p	i	g	a	k
k	m	e	c	b
g	e	t	u	e
s	o	f	t	m

D 오늘의 단어를 완성해 보세요.

1. [ ] [ ] **m** **e**
뜻 시간

2. **g** [ ] [ ]
뜻 얻다, 받다

E 우리말 뜻에 해당하는 영어 단어를 세 번 써 보세요.

시간	t
얻다, 받다	g

F 우리말과 같은 뜻이 되도록 문장을 완성해 보세요.

일어날 시간이야!

1. _____ to get up!

2. Time to _____ up!

3. _____ to _____ up!

4. _____ to _____ _____!

Time to get up!

은정쌤의
한마디

'get(얻다, 받다)'과 'up(위로)'이 함께 쓰이면 'get up(일어나다, 잠에서 깨다)'과 같이 하나의 의미로 쓰여요.

69

unit 32 What time is it now?

 A 동영상 강의를 들어 보세요.

unit 32 강의

"What time is it now?(지금 몇 시예요?)"는 지금 시간이 궁금할 때 사용하는 표현이에요. 대답은 "It is 7 o' clock.(7시야.)"과 같이 말해요.

B 오늘의 단어를 따라 써 보세요.

it 〈시간, 날짜 등에 대해 말할 때〉, 그것
it

now 지금
now

C it과 now를 두 개씩 찾아보세요.

k	a	i	t	g
n	x	d	y	n
o	t	o	v	o
w	s	u	n	w
m	i	t	h	b

D 오늘의 단어를 완성해 보세요.

1.

i [ ]

뜻 〈시간, 날짜 등에 대해 말할 때〉, 그것

2.

[ ] o [ ]

뜻 지금

70

E 우리말 뜻에 해당하는 영어 단어를 세 번 써 보세요.

<시간, 날짜 등에 대해 말할 때>, 그것	i
지금	n

F 우리말과 같은 뜻이 되도록 문장을 완성해 보세요.

 지금 몇 시예요?

1. What time is _____ now?

2. What time is it _____?

3. What time is _____ _____?

4. _____ time is _____ _____?

What time is it now?

 은정쌤의 한마디 ┈ unit 04에서 배운 'what'을 기억하고 있나요? "이것은 무엇입니까?" 하고 묻고 싶을 때 what과 it을 활용해서 "What is it?"과 같이 말할 수 있어요.

unit 33 모아서 연습하기 11th

time, get, it, now 단어를 따라가면 여자 친구를 만날 수 있어요. 선으로 길을 표시해 보세요.

72

B Word Box에서 알맞은 단어를 골라 문장을 완성해 보세요.

1. 일어날 시간이야!

_____ to _____ up!

2. 지금 몇 시예요?

What time is _____ _____?

3. 그녀는 누구야?

_____ is _____?

4. 그는 형제가 있어?

_____ he have _____ brothers?

5. 응, 그는 형제 한 명이 있어.

Yes, _____ _____ one brother.

6. 그녀는 나의 가장 친한 친구야.

She is my _____ _____.

C 빈칸에 알맞은 단어를 넣어 대화를 완성해 보세요.

_____ to
_____ up!
일어날 시간이야!

What time is
_____ _____?
지금 몇 시예요?

unit 34 Good morning, everyone!

Good morning, everyone!

A 동영상 강의를 들어 보세요.

unit 34 강의

아침에 선생님이 수업을 시작하면서 "Good morning.(좋은 아침이에요.)" 하고 인사하죠? 오후에 누군가를 만나서 인사할 땐 "Good afternoon.", 저녁에는 "Good evening." 하고 말해요. 잠들기 전에는 "Good night."이라고 인사해요.

B 오늘의 단어를 따라 써 보세요.

good 좋은

good

morning 아침

morning

C good과 morning을 두 개씩 찾아보세요.

m	o	r	n	i	n	g
f	g	s	i	r	c	d
g	o	o	d	b	w	u
m	o	r	n	i	n	g
s	d	i	t	e	n	p

D 오늘의 단어를 완성해 보세요.

1. o

뜻 좋은

2. m _ _ n _ g

뜻 아침

74

E 우리말 뜻에 해당하는 영어 단어를 세 번 써 보세요.

좋은	g
아침	m

F 우리말과 같은 뜻이 되도록 문장을 완성해 보세요.

좋은 아침이에요, 모두들!

1. _____ morning, everyone!

2. Good _____, everyone!

3. _____ _____, everyone!

4. _____ _____, _____!

Good morning, everyone!

은정쌤의 한마디

"Good morning." 하고 인사를 한 다음 인사하는 대상을 불러줄 수 있어요. 이번 유닛에서는 선생님이 학생들에게 "Good morning, everyone!" 하고 'everyone(모두들)'을 불러주었어요.

unit 35 We will start our class.

> Good morning, everyone!
> **We will start our class.**

A 동영상 강의를 들어 보세요.

unit 35 강의

'내가 ~을 할 거예요'라고 할 때 'I will ~'이라는 표현을 썼어요. '우리가 ~을 할 거예요'라고 하려면 'We will ~'로 시작하면 돼요. "We will start our class.(우리는 우리의 수업을 시작할 거예요.)" 처럼요.

B 오늘의 단어를 따라 써 보세요.

we 우리
we

our 우리의
our

C we와 our를 두 개씩 찾아보세요.

m	i	v	s	g
w	e	g	y	m
z	t	o	u	r
h	a	u	g	w
w	e	r	b	t

D 오늘의 단어를 완성해 보세요.

1. ☐ **e**
뜻 우리

2. ☐ **u** ☐
뜻 우리의

E 우리말 뜻에 해당하는 영어 단어를 세 번 써 보세요.

| 우리 | W |
| 우리의 | O |

F 우리말과 같은 뜻이 되도록 문장을 완성해 보세요.

> 우리는 우리의 수업을 시작할 거예요.

1. We will start _____ class.

2. _____ will start our class.

3. _____ will start _____ class.

4. _____ _____ start _____ class.

We will start our class.

은정쌤의 한마디 ── '우리의'란 뜻을 가진 단어는 'our'입니다. 앞에서 '너의'란 뜻을 가진 'your', '나의'란 뜻을 가진 'my'를 배웠어요. '우리의 친구'는 'our friend'라고 하면 되겠지요?

모아서 연습하기 12th

A 빈칸을 모두 채워야 컵케이크를 먹을 수 있어요. 컵케이크의 빈칸에 알맞은 단어나 뜻을 쓰세요.

B Word Box에서 알맞은 단어를 골라 문장을 완성해 보세요.

Word Box

Does   Good   he   has   it   any

now   Time   our   morning   We   get

1. 좋은 아침이에요, 모두들!   _____ _____, everyone!

2. 우리는 우리의 수업을 시작할 거예요.   _____ will start _____ class.

3. 일어날 시간이야!   _____ to _____ up!

4. 지금 몇 시예요?   What time is _____ _____?

5. 그는 형제가 있어?   _____ he have _____ brothers?

6. 응, 그는 형제 한 명이 있어.   Yes, _____ _____ one brother.

C 빈칸에 알맞은 단어를 넣어 대화를 완성해 보세요.

_____ _____, everyone!
좋은 아침이에요, 모두들!

_____ will start _____ class.
우리는 우리의 수업을 시작할 거예요.

unit 37 Look at **this.**

Look at this.

A 동영상 강의를 들어 보세요.

unit 37 강의

'~을 보다'라고 할 땐 'look'이란 단어 다음에 'at'을 붙여서 'look at'이라는 표현을 써요.
그래서 "이것을 보세요."라고 하고 싶을 땐 "Look at this."와 같이 말할 수 있어요.

B 오늘의 단어를 따라 써 보세요.

look 보다	at ~에
look	at

C look과 at을 두 개씩 찾아보세요.

u	b	l	i	a
l	o	o	k	t
d	f	o	n	y
s	c	k	m	e
j	z	b	a	t

D 오늘의 단어를 완성해 보세요.

1. l ☐ ☐ ☐
뜻 보다

2. a ☐
뜻 ~에

80

E 우리말 뜻에 해당하는 영어 단어를 세 번 써 보세요.

보다	
~에	a

F 우리말과 같은 뜻이 되도록 문장을 완성해 보세요.

이것을 보세요.

1. _____ at this.

2. Look _____ this.

3. _____ _____ this.

4. _____ _____ _____.

Look at this.

은정쌤의
한마디 "Look at this."처럼 듣는 사람에게 어떤 행동을 명령하는 문장은 동사로 시작해요. 예를 들어 "(잠자리에서) 일어나세요."는 "Get up."이라고 하면 돼요.

This is today's new word.

look

Look at this.
This is today's new word.

A 동영상 강의를 들어 보세요.

unit 38 강의

어떤 것을 소개할 때 'This is ~'라는 표현을 씁니다. "오늘의 새로운 단어를 소개합니다."라는 뜻으로 "This is today's new word."라고 해요.

B 오늘의 단어를 따라 써 보세요.

this 이것

this

new 새로운

new

C this와 new를 두개씩 찾아보세요.

d	a	n	e	w
r	b	t	h	e
n	t	h	i	s
e	r	i	p	v
w	g	s	o	y

D 오늘의 단어를 완성해 보세요.

1. t [ ] [ ] s

   뜻 이것

2. n [ ] [ ]

   뜻 새로운

E 우리말 뜻에 해당하는 영어 단어를 세 번 써 보세요.

| 이것 | t |
| 새로운 | n |

F 우리말과 같은 뜻이 되도록 문장을 완성해 보세요.

 이것이 오늘의 새로운 단어입니다.

1. _____ is today's new word.

2. This is today's _____ word.

3. _____ is today's _____ word.

4. _____ _____ today's _____ word.

This is today's new word.

모아서 복습하기 13th

A 여기는 농구 경기장이에요. look과 at이 적힌 옷을 입은 친구는 노랑 팀, this와 new가 적힌 옷을 입은 친구는 초록 팀이에요. 팀 이름에 맞게 옷에 색을 칠해 주세요.

 농구공을 가지고 있는 팀의 옷에 적힌 단어는?

B Word Box에서 알맞은 단어를 골라 문장을 완성해 보세요.

> **Word Box**
>
> new　　Good　　it　　Look　　now　　This
>
> Time　　at　　get　　morning　　We　　our

1. 이것을 보세요.　　_____ _____ this.

2. 이것이 오늘의 새로운 단어
입니다.　　_____ is today's _____ word.

3. 좋은 아침이에요, 모두들!　　_____ _____, everyone!

4. 우리는 우리의 수업을 시작
할 거예요.　　_____ will start _____ class.

5. 일어날 시간이야!　　_____ to _____ up!

6. 지금 몇 시예요?　　What time is _____ _____?

C 빈칸에 알맞은 단어를 넣어 대화를 완성해 보세요.

_____
_____ this!
이것을 보세요.

_____ is today's
_____ word.
이것이 오늘의 새로운 단어입니다.

unit 40 Who can read this?

Who can read this?

read

A 동영상 강의를 들어 보세요.

unit 40 강의

'누가 ~을 할 수 있을까요?' 라고 물을 때 'Who can ~ ?' 이란 표현을 써요. "누가 이것을 읽을 수 있을까요?" 라고 말하고 싶을 때는 "Who can read this?" 라고 하면 돼요.

B 오늘의 단어를 따라 써 보세요.

can 할 수 있다
can

read 읽다
read

C can과 read를 두 개씩 찾아보세요.

r	t	i	r	h
e	e	c	p	u
a	c	a	n	z
d	e	n	t	j
r	r	e	a	d	m

D 오늘의 단어를 완성해 보세요.

1. c ☐ ☐
뜻 할 수 있다

2. ☐ e ☐ ☐
뜻 읽다

E 우리말 뜻에 해당하는 영어 단어를 세 번 써 보세요.

| 할 수 있다 | c |
| 읽다 | r |

F 우리말과 같은 뜻이 되도록 문장을 완성해 보세요.

누가 읽을 수 있을까요?

1. Who _____ read this?

2. Who can _____ this?

3. Who _____ _____ this?

4. _____ _____ _____ this?

Who can
read this?

 은정쌤의
한마디   unit 25에서 배운 'who'와 unit 38에서 배운 'this'를 기억하고 있나요? 대표 문장과 함께 단어의 의미를 다시 한번 복습해 보세요.

unit 41 Please, write it down.

Who can read this?
Please, write it down.

read

A 동영상 강의를 들어 보세요.

unit 41 강의

'~해 주세요'라고 공손하게 부탁할 때 'please'라는 표현을 씁니다. 원어민들은 부탁을 할 때 대개 'please'를 붙여서 말해요. 'please'를 붙여 말해 보세요. "Please, write it down.(이것을 써 보세요.)"처럼요.

B 오늘의 단어를 따라 써 보세요.

write 쓰다	down 아래로
write	down

C write와 down을 두 개씩 찾아보세요.

w	q	u	n	c	y
r	x	d	o	w	n
i	w	r	i	t	e
t	a	k	u	t	w
e	d	o	w	n	e

D 오늘의 단어를 완성해 보세요.

1. **w** ☐ **i** ☐ ☐

뜻 쓰다

2. **d** ☐ **w** ☐

뜻 아래로

88

큰 소리로 읽으며 쓰면 더욱 좋아요!

| 쓰다 | W |
| 아래로 | d |

F 우리말과 같은 뜻이 되도록 문장을 완성해 보세요.

이것을 써 보세요.

1. Please, _____ it down.

2. Please, write it _____.

3. Please, _____ it _____.

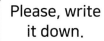

Please, write it down.

4. Please, _____ _____ _____.

은정쌤의 한마디

'write down'은 'write(쓰다)'와 'down(아래로)'이 합해져 '적다, 쓰다'와 같은 하나의 의미를 가진 한 단어처럼 사용합니다. unit 31에서 배운 'get up(일어나다)'과 비슷해요.

모아서 연습하기 14th

A can, read, write, down 단어를 따라가면 할머니를 구할 수 있어요. 선으로 길을 표시해 보세요.

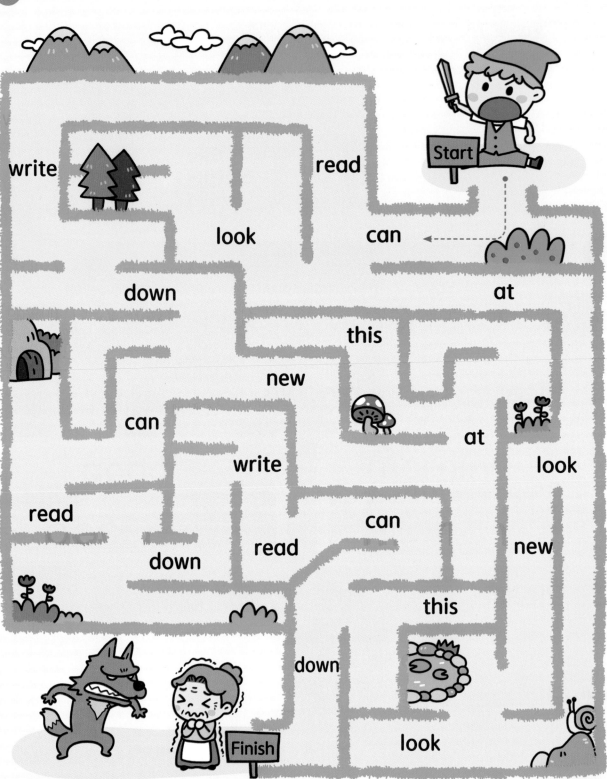

B Word Box에서 알맞은 단어를 골라 문장을 완성해 보세요.

Word Box

This   our   at   can   down   Look   new

Good   write   We   morning   read

1. 누가 읽을 수 있을까요?

Who _____ _____ this?

2. 이것을 써 보세요.

Please, _____ it _____.

3. 이것을 보세요.

_____ _____ this!

4. 이것이 오늘의 새로운 단어입니다.

_____ is today's _____ word.

5. 좋은 아침이에요, 모두들!

_____ _____, everyone!

6. 우리는 우리의 수업을 시작할 거예요.

_____ will start _____ class.

C 빈칸에 알맞은 단어를 넣어 대화를 완성해 보세요.

Who _____ _____ this?

누가 읽을 수 있을까요?

Please, _____ it _____.

이것을 써 보세요.

read

unit 43 I can not make it.

I can not make it.

A 동영상 강의를 들어 보세요.

unit 43 강의

'make it'은 '성공하다' 또는 '해내다'란 뜻의 표현이에요. 그래서 "I can not make it."이라고 하면 "못 하겠어요."라는 말이에요.

B 오늘의 단어를 따라 써 보세요.

not 아니다

not

make 만들다

make

C not과 make를 두 개씩 찾아보세요.

n	o	t	s	j
o	d	n	l	m
t	r	z	g	a
w	k	u	c	k
b	m	a	k	e

D 오늘의 단어를 완성해 보세요.

1. ☐ ☐ **t**
뜻 아니다

2. ☐ **a** ☐ ☐
뜻 만들다

E 우리말 뜻에 해당하는 영어 단어를 세 번 써 보세요.

| 아니다 | n |
| 만들다 | m |

F 우리말과 같은 뜻이 되도록 문장을 완성해 보세요.

못 하겠어요.

1. I can _____ make it.

2. I can not _____ it.

3. I can _____ _____ it.

4. I _____ _____ _____ it.

I can not make it.

은정쌤의 한마디 ┄ '~할 수 없다'라는 말을 하고 싶을 때 'can not'을 쓰면 돼요. 'can not'은 'cannot' 또는 'can't'로 줄여서 쓸 수 있어요.

Let's try again.

A 동영상 강의를 들어 보세요.

unit 44 강의

'~을 하자' 또는 '~을 해 보자' 라고 제안할 때 'Let's ~' 라는 표현을 써요. "다시 해 보자." 라고
할 때 "Let's try again." 이라고 할 수 있어요. '~을 하자' 는 표현을 다양하게 연습해 보세요.

B 오늘의 단어를 따라 써 보세요.

try 시도하다
try

again 다시
again

C try와 again을 두 개씩 찾아보세요.

a	g	a	i	n
w	e	g	y	t
t	f	a	m	r
r	o	i	z	y
y	e	n	p	s

D 오늘의 단어를 완성해 보세요.

1. ☐ **r** ☐

뜻 시도하다

2. ☐ **g** ☐ ☐ ☐

뜻 다시

E 우리말 뜻에 해당하는 영어 단어를 세 번 써 보세요.

| 시도하다 | t |
| 다시 | a |

F 우리말과 같은 뜻이 되도록 문장을 완성해 보세요.

다시 해 보자.

1. Let's _____ again.

2. Let's try _____.

Let's try again.

3. Let's _____ _____.

4. _____ _____ _____.

모아서 복습하기 15th

A 빈칸을 모두 채워야 컵케이크를 먹을 수 있어요. 컵케이크의 빈칸에 알맞은 단어나 뜻을 쓰세요.

B Word Box에서 알맞은 단어를 골라 문장을 완성해 보세요.

Word Box

This   not   read   write   try   down

at   can   new   Look   make   again

1. 못 하겠어요.

I can _____ _____ it.

2. 다시 해 보자.

Let's _____ _____.

3. 누가 읽을 수 있을까요?

Who _____ _____ this?

4. 이것을 써 보세요.

Please, _____ it _____.

5. 이것을 보세요.

_____ _____ this!

6. 이것이 오늘의 새로운 단어입니다.

_____ is today's _____ word.

C 빈칸에 알맞은 단어를 넣어 대화를 완성해 보세요.

I can _____ _____ it.
못 하겠어요.

Let's _____ _____.
다시 해 보자.

unit 46 I am sorry for that.

I am sorry for that.

A 동영상 강의를 들어 보세요.

unit 46 강의

"I am sorry."라는 표현은 "죄송해요.", "미안해요."라고 말하고 싶을 때 써요. "I am sorry for that."은 내가 한 특정한 잘못을 가리키면서 하는 말이죠. 'that' 대신에 'this'를 쓸 수 있어요.

B 오늘의 단어를 따라 써 보세요.

for ~에 대해, ~을 위해

for

that 저것

that

C for와 that을 두 개씩 찾아보세요.

f	o	r	a	m
t	g	w	s	t
h	f	r	f	h
a	u	l	o	a
t	s	c	r	t

D 오늘의 단어를 완성해 보세요.

1. [ ] [ ] **r**

뜻 ~에 대해, ~을 위해

2. [ ] [ ] **a** [ ]

뜻 저것

98

~에 대해, ~을 위해	
저것	

F 우리말과 같은 뜻이 되도록 문장을 완성해 보세요.

죄송해요.

1. I am sorry _____ that.

2. I am sorry for _____.

3. I am sorry _____ _____.

I am sorry
for that.

4. I am _____ _____ _____.

 은정쌤의 한마디   'I am'은 'I'm'으로 줄여 쓸 수 있어요. "I'm sorry." 처럼요. unit 02 "I am Terry."의 문장도 "I'm Terry."로 줄일 수 있겠죠?

unit 47 No problem at all.

I am sorry for that.

No problem at all.

A 동영상 강의를 들어 보세요.

unit 47 강의

"I am sorry."라는 말에 "No problem at all.(괜찮아.)"이라고 대답할 수 있어요. "No problem."처럼 줄여서 말할 수도 있어요.

B 오늘의 단어를 따라 써 보세요.

no ~도 없는, 아니
no

all 모두
all

C no와 all을 두 개씩 찾아보세요.

c	a	n	h	a
r	b	u	v	l
n	f	n	i	l
o	g	o	p	w
a	l	l	s	k

D 오늘의 단어를 완성해 보세요.

1.

	o

뜻 ~도 없는, 아니

2.

a		

뜻 모두

E 우리말 뜻에 해당하는 영어 단어를 세 번 써 보세요.

큰 소리로 읽으며 쓰면
더욱 좋아요!

| ~도 없는,
아니 | n |
| 모두 | a |

F 우리말과 같은 뜻이 되도록 문장을 완성해 보세요.

괜찮아.

1. _____ problem at all.

2. No problem at _____.

No problem at all.

3. _____ problem at _____.

4. _____ problem _____ _____.

은정쌤의
한마디 → 누군가 나에게 "I am sorry."라고 말하면 "No problem." 대신 "That's OK." 또는 "Don't worry."라고 답해도 돼요.

모아서 복습하기 16th

A 여기는 농구 경기장이에요. for와 that이 적힌 옷을 입은 친구는 빨강 팀, no와 all이 적힌 옷을 입은 친구는 초록 팀이에요. 팀 이름에 맞게 옷에 색을 칠해 주세요.

 농구공을 가지고 있는 팀의 옷에 적힌 단어는?

B Word Box에서 알맞은 단어를 골라 문장을 완성해 보세요.

Word Box

again   not   read   for   write   try
can   that   all   make   down   No

1. 죄송해요.   I am sorry _____ _____.

2. 괜찮아.   _____ problem at _____.

3. 못 하겠어요.   I can _____ _____ it.

4. 다시 해 보자.   Let's _____ _____.

5. 누가 읽을 수 있을까요?   Who _____ _____ this?

6. 이것을 써 보세요.   Please, _____ it _____.

C 빈칸에 알맞은 단어를 넣어 대화를 완성해 보세요.

_____ problem
at _____.
괜찮아.

I am sorry _____
_____.
죄송해요.

unit 49 Let's go out and play.

Let's go out and play.

A 동영상 강의를 들어 보세요.

unit 49 강의

"Let's go out and play."라는 표현은 "나가서 놀자."라는 뜻이에요. 'and'라는 단어가 'go out(밖으로 나가다)'과 'play(놀다)' 사이에서 두 가지 행동이 이어지는 것을 설명해 줘요.

B 오늘의 단어를 따라 써 보세요.

out 밖으로	and 그리고
out	and

C out과 and를 두 개씩 찾아보세요.

v	w	o	u	t
a	n	d	m	b
o	d	a	n	d
u	s	p	n	j
t	o	n	t	o

D 오늘의 단어를 완성해 보세요.

1.

☐ ☐ t

뜻 밖으로

2.

☐ n ☐

뜻 그리고

E 우리말 뜻에 해당하는 영어 단어를 세 번 써 보세요.

밖으로	
그리고	

F 우리말과 같은 뜻이 되도록 문장을 완성해 보세요.

 나가서 놀아요.

1. Let's go _____ and play.

2. Let's go out _____ play.

3. Let's go _____ _____ play.

4. Let's _____ _____ _____ play.

Let's go out
and play.

unit 50 Line up here.

Let's go out and play.
Line up here.

A 동영상 강의를 들어 보세요.

unit 50 강의

줄을 서야 할 때 'line up'이란 표현을 써요. Please를 붙여 "Please, line up.(줄을 서세요.)"이라고 할 수 있어요. '여기'란 장소를 콕 집어 말할 때는 "Line up here.(여기에 줄을 서세요.)"라고 해요.

B 오늘의 단어를 따라 써 보세요.

up 위로

up

here 여기에

here

C up과 here을 두 개씩 찾아보세요.

c	h	e	r	e
h	b	u	p	n
e	r	s	h	j
r	m	u	a	z
e	o	p	l	i

D 오늘의 단어를 완성해 보세요.

1.

뜻 위로

2.

뜻 여기에

106

E 우리말 뜻에 해당하는 영어 단어를 세 번 써 보세요.

위로	u
여기에	h

F 우리말과 같은 뜻이 되도록 문장을 완성해 보세요.

여기에 줄을 서세요.

1. Line _____ here.

2. Line up _____.

3. Line _____ _____.

4. _____ _____ _____.

Line up here.

은정쌤의
한마디 ┈┈ 가까운 장소를 가리킬 때 'here(여기)'을 쓰고 먼 곳을 가리킬 때는 'there(저기)'을 써요.

모아서 연습하기 17th

A out, and, up, here 단어를 따라가면 아기 개미들에게 먹이를 가져다 줄 수 있어요. 선을 그어 길을 표시해 보세요.

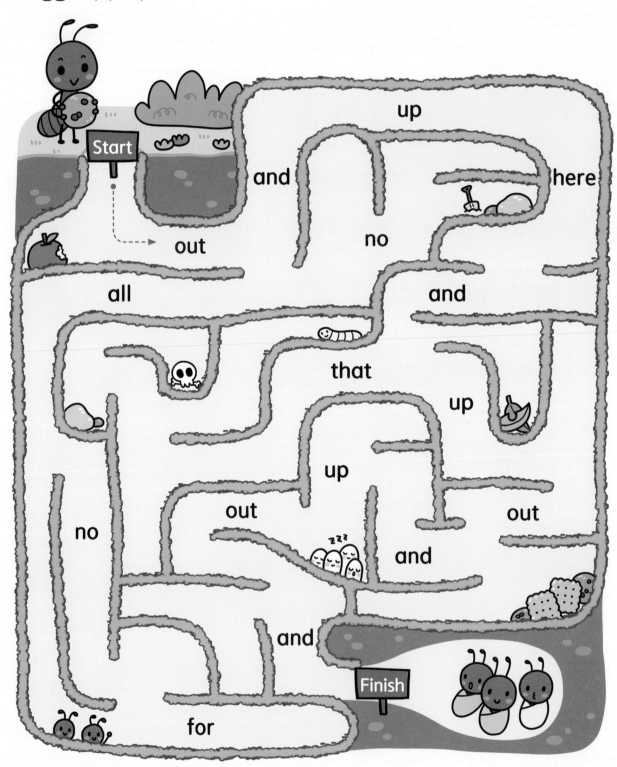

B Word Box에서 알맞은 단어를 골라 문장을 완성해 보세요.

Word Box

all   up   again   for   not   and

make   No   here   that   try   out

1. 나가서 놀아요.   Let's go _____ _____ play.

2. 여기에 줄을 서세요.   Line _____ _____.

3. 죄송해요.   I am sorry _____ _____.

4. 괜찮아.   _____ problem at _____.

5. 못 하겠어요.   I can _____ _____ it.

6. 다시 해 보자.   Let's _____ _____.

C 빈칸에 알맞은 단어를 넣어 대화를 완성해 보세요.

Let's go _____ _____ play.
나가서 놀아요.

Line _____ _____.
여기에 줄을 서세요.

unit 52 They are playing soccer.

> They are playing soccer.

A 동영상 강의를 들어 보세요.

unit 52 강의

"They are playing soccer."는 "그들이 축구를 하고 있어."라는 뜻이에요. play 바로 뒤에 ing를 붙여서 '하고 있는 중'이라는 시점을 표현해요.

B 오늘의 단어를 따라 써 보세요.

they 그들

they

play 놀다

play

C they와 play를 두 개씩 찾아보세요.

b	a	s	u	p
r	o	h	t	l
h	r	c	h	a
w	t	h	e	y
p	l	a	y	m

D 오늘의 단어를 완성해 보세요.

1.
| | | e | |

뜻 그들

2.
| | l | | |

뜻 놀다

110

E 우리말 뜻에 해당하는 영어 단어를 세 번 써 보세요.

그들	t
놀다	p

F 우리말과 같은 뜻이 되도록 문장을 완성해 보세요.

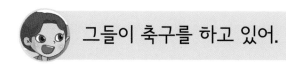 그들이 축구를 하고 있어.

1. _____ are playing soccer.

2. They are _____ing soccer.

3. _____ are _____ing soccer.

4. _____ _____ _____ing soccer.

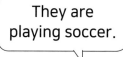 They are playing soccer.

 은정쌤의
한마디 '운동 경기를 하다'라는 영어 표현은 'play'를 함께 써요. 'play soccer(축구를 하다)', 'play basketball(농구를 하다)'처럼요.

I want to play with them.

They are playing soccer.

I want to play with them.

A 동영상 강의를 들어 보세요.

unit 53 강의

'I want to ~'는 '나는 ~하고 싶다'라는 말이에요. 그래서 '나는 (운동 경기를) 하고 싶어요.'라고 말하려면 'I want to play ~.'라고 표현할 수 있어요. 'with them'을 붙이면 '그들과 함께'하고 싶다는 뜻이에요.

B 오늘의 단어를 따라 써 보세요.

want 원하다

want

with 함께

with

C want와 with를 두 개씩 찾아보세요.

w	l	d	e	w
a	u	h	b	i
n	w	a	n	t
t	o	i	m	h
w	i	t	h	s

D 오늘의 단어를 완성해 보세요.

1.
   [　] [　] [n] [　]
   뜻 원하다

2. [w] [i] [　] [　]
   뜻 함께

E 우리말 뜻에 해당하는 영어 단어를 세 번 써 보세요.

원하다	W
함께	W

F 우리말과 같은 뜻이 되도록 문장을 완성해 보세요.

그들과 함께 (축구를) 하고 싶어요.

1. I _____ to play with them.

2. I want to play _____ them.

3. I _____ to play _____ them.

4. I _____ to _____ _____ them.

I want to play with them.

은정쌤의
한마디
'with them' 은 '그들과 함께' 라는 뜻이에요. '너와 함께' 라고 하고 싶으면 'with you' 라고 쓰면 되겠죠?

unit 54 모아서 연습하기 18th

A 빈칸을 모두 채워야 컵케이크를 먹을 수 있어요. 컵케이크의 빈칸에 알맞은 단어나 뜻을 쓰세요.

야호! 다 채웠어!

B Word Box에서 알맞은 단어를 골라 문장을 완성해 보세요.

Word Box

with   and   up   all   They   for

play   No   here   want   that   out

1. 그들이 축구를 하고 있어.

_____ are _____ing soccer.

2. 그들과 함께 (축구를) 하고 싶어요.

I _____ to play _____ them.

3. 나가서 놀아요.

Let's go _____ _____ play.

4. 여기에 줄을 서세요.

Line _____ _____.

5. 죄송해요.

I am sorry _____ _____.

6. 괜찮아.

_____ problem at _____.

C 빈칸에 알맞은 단어를 넣어 대화를 완성해 보세요.

_____ are

_____ing

soccer.

그들이 축구를 하고 있어.

I _____ to play

_____ them.

그들과 함께 축구를 하고 싶어요.

115

unit 55 Homework comes first.

Homework comes first.

A 동영상 강의를 들어 보세요.

unit 55 강의

'~이 먼저야!' 또는 '~이 가장 먼저야.'란 표현으로 '~ comes first.'를 써요. 학교에서 돌아오면 엄마가 "Homework comes first.(숙제를 먼저 하자.)"라는 말을 아마 자주 할 거예요.

B 오늘의 단어를 따라 써 보세요.

come 오다

come

first 먼저

first

C come과 first를 두 개씩 찾아보세요.

f	i	r	s	t
i	c	o	m	e
r	o	a	l	h
s	m	d	g	a
t	e	v	w	e

D 오늘의 단어를 완성해 보세요.

1. [ ] [ ] **m** [ ]

뜻 오다

2. [ ] **i** [ ] [ ] [ ]

뜻 먼저

116

E 우리말 뜻에 해당하는 영어 단어를 세 번 써 보세요.

오다	c

먼저	f

F 우리말과 같은 뜻이 되도록 문장을 완성해 보세요.

 숙제를 먼저 하자.

1. Homework _____s first.

2. Homework comes _____.

Homework comes first.

3. Homework _____s _____.

4. _____ _____s _____.

 은정쌤의 한마디

'first'는 '먼저' 또는 '최우선의'란 뜻 외에도 '첫', '첫째의'란 뜻도 있어요. "It is my first class.(이것은 내 첫 번째 수업이에요.)"라고 할 수 있어요.

unit 56 I need your help.

A 동영상 강의를 들어 보세요.

unit 56 강의

'I need ~'는 '나는 ~이 필요하다' 라는 말이에요. 그래서 "나는 당신의 도움이 필요해요."라고 말하려면 "I need your help."라고 표현할 수 있어요.

B 오늘의 단어를 따라 써 보세요.

need 필요하다	help 도움, 도와주다
need	help

C need와 help를 두 개씩 찾아보세요.

w	g	k	h	b
c	i	f	e	n
d	f	m	l	e
h	e	l	p	e
r	n	e	e	d

D 오늘의 단어를 완성해 보세요.

1.  d

뜻 필요하다

2. h

뜻 도움, 도와주다

118

E 우리말 뜻에 해당하는 영어 단어를 세 번 써 보세요.

| 필요하다 | n |
| 도움, 도와주다 | h |

F 우리말과 같은 뜻이 되도록 문장을 완성해 보세요.

 나는 당신의 도움이 필요해요.

1. I _____ your help.

2. I need your _____.

3. I _____ your _____.

4. I _____ _____ _____.

I need your help.

 은정쌤의 한마디 ─ 'your'는 unit 04에서 배운 사이트 워드예요. '너의 이름'은 'your name', '너의 도움'은 'your help'라고 해요.

A 여기는 농구 경기장이에요. come과 first가 적힌 옷을 입은 친구는 분홍 팀, need와 help가 적힌 옷을 입은 친구는 파랑 팀이에요. 팀 이름에 맞게 옷에 색을 칠해 주세요.

 농구공을 가지고 있는 팀의 옷에 적힌 단어는?

B Word Box에서 알맞은 단어를 골라 문장을 완성해 보세요.

Word Box

come   with   and   help   up   They
play   first   here   need   want   out

1. 숙제를 먼저 하자.

Homework _____s _____.

2. 나는 당신의 도움이 필요해요.

I _____ your _____.

3. 그들이 축구를 하고 있어.

_____ are _____ing soccer.

4. 그들과 함께 (축구를) 하고 싶어요.

I _____ to play _____ them.

5. 나가서 놀아요.

Let's go _____ _____ play.

6. 여기에 줄을 서세요.

Line _____ _____.

C 빈칸에 알맞은 단어를 넣어 대화를 완성해 보세요.

Homework _____s
_____.
숙제를 먼저 하자.

I _____
your _____.
나는 당신의 도움이 필요해요.

unit 58 Listen to me, please.

Listen to me, please.

A 동영상 강의를 들어 보세요.

unit 58 강의

'~에 귀를 기울여 듣다' 라고 할때 'listen to' 라는 표현을 써요. 그래서 "제 말을 들어 주세요." 라고 할 때는 "Listen to me." 라고 할 수 있어요. 문장의 끝에 please를 붙이면 공손한 표현이 돼요.

B 오늘의 단어를 따라 써 보세요.

listen 듣다	me 나를
listen	me

C listen과 me를 두 개씩 찾아보세요.

l	i	s	t	e	n
s	g	a	h	n	r
h	z	y	s	m	y
l	i	s	t	e	n
v	q	m	e	b	d

D 오늘의 단어를 완성해 보세요.

1. l [ ] [ ] t [ ] [ ]

뜻 듣다

2. [ ] e

뜻 나를

E 우리말 뜻에 해당하는 영어 단어를 세 번 써 보세요.

듣다	l

나를	m

F 우리말과 같은 뜻이 되도록 문장을 완성해 보세요.

제 말을 잘 들어주세요.

1. _____ to me, please.

2. Listen to _____, please.

Listen to me, please.

3. _____ to _____, please.

4. _____ _____ _____, please.

은정쌤의 한마디 '~해 주세요' 라고 공손히 부탁할 때 'please' 란 단어를 사용했던 것 기억하죠?

unit 59 I will tell you today's story.

Listen to me, please.
I will tell you today's story.

A 동영상 강의를 들어 보세요.

unit 59 강의

앞에서 '내가 ~을 할 거예요'라고 할 때 'I will ~'이라는 표현을 썼어요. 그래서 "I will tell you today's story."는 "내가 오늘의 이야기를 해 줄게요."라는 뜻으로 써요. 앞으로 '~을 할지'를 말하고 싶을 때에는 'will'이라는 단어를 활용해 보세요!

B 오늘의 단어를 따라 써 보세요.

tell 말하다	today 오늘
tell	today

C tell과 today를 두 개씩 찾아보세요.

t	e	l	l	k
r	o	s	n	e
t	o	d	a	y
w	m	u	a	s
t	e	l	l	y

D 오늘의 단어를 완성해 보세요.

1. ☐ **e** ☐ ☐
뜻 말하다

2. ☐ ☐ **d** ☐ ☐
뜻 오늘

E 우리말 뜻에 해당하는 영어 단어를 세 번 써 보세요.

말하다	t

오늘	t

F 우리말과 같은 뜻이 되도록 문장을 완성해 보세요.

 오늘의 이야기를 해 줄게요.

1. I will _____ you today's story.

2. I will tell you _____'s story.

3. I will _____ you _____'s story.

I will tell you today's story.

4. I _____ _____ you _____'s story.

은정쌤의
한마디
'I will' 은 'I'll' 과 같이 줄여서 쓸 수도 있어요.

모아서 연습하기 20th

A listen, me, tell, today 단어를 따라가면 인어공주가 물에 빠진 친구를 구할 수 있어요. 선으로 길을 표시해 보세요.

B Word Box에서 알맞은 단어를 골라 문장을 완성해 보세요.

Word Box

Listen   come   with   help   today   They

tell   play   me   first   need   want

1. 제 말을 잘 들어 주세요.

_____ to _____, please.

2. 오늘의 이야기를 해 줄게요.

I will _____ you _____'s story.

3. 숙제를 먼저 하자.

Homework _____s _____.

4. 나는 당신의 도움이 필요해요.

I _____ your _____.

5. 그들이 축구를 하고 있어.

_____ are _____ing soccer.

6. 그들과 함께 (축구를) 하고 싶어요.

I _____ to play _____ them.

C 빈칸에 알맞은 단어를 넣어 대화를 완성해 보세요.

_____ to _____, please.
제 말을 잘 들어 주세요.

I will _____ you _____'s story.
오늘의 이야기를 해 줄게요.

127

초등학생을 위한

바쁜 빠른 사이트 워드 ①

Sight Words

정답

unit 01
8~9쪽

C

s	i	t	q	x
m	w	o	k	h
e	m	e	e	t
e	w	h	I	u
t	o	p	b	a

D

1. o
2. m, e

F

1. to
2. meet
3. to, meet
4. to, meet, you

unit 02
10~11쪽

C

s	y	t	q	x
m	w	a	m	h
v	I	e	s	t
e	w	a	I	u
t	o	m	b	a

D

1. I
2. m

F

1. I
2. am
3. I, am
4. am, Terry

unit 03
12~13쪽

A

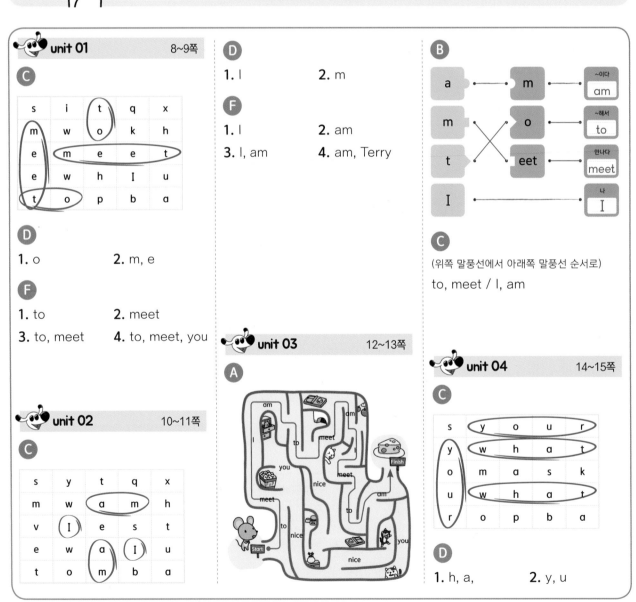

B

a	—	m	—	~이다 am
m	✕	o	—	~해서 to
t		eet	—	만나다 meet
I	—		—	나 I

C

(위쪽 말풍선에서 아래쪽 말풍선 순서로)

to, meet / I, am

unit 04
14~15쪽

C

s	y	o	u	r
y	w	h	a	t
o	m	a	s	k
u	w	h	a	t
r	o	p	b	a

D

1. h, a,
2. y, u

F

1. What **2.** your

3. What, your

4. What, your, name

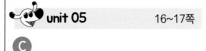

unit 05   16~17쪽

C

s	c	I	u	r
m	y	h	a	t
y	t	i	s	k
u	w	p	a	t
r	i	s	q	a

D

1. y **2.** i

F

1. My **2.** is

3. My, is **4.** My, name, is

unit 06   18~19쪽

A

B

1. What, your **2.** My, is

3. meet **4.** I

5. to, you **6.** am

C

(왼쪽 말풍선에서 오른쪽 말풍선 순서로)

What, your / My, is

unit 07   20~21쪽

C

s	a	r	e	r
h	o	w	a	t
o	h	a	s	k
u	o	r	a	t
r	w	e	b	a

D

1. o, w **2.** r

F

1. How **2.** are

3. How, are **4.** are, you

unit 08   22~23쪽

C

t	g	r	t	g
h	r	w	h	r
a	e	a	a	e
n	a	r	n	a
k	t	e	k	t

D

1. r, e, a **2.** t, n, k

F

1. Great **2.** Thank

3. Great, Thank

4. Thank, you

unit 09   24~25쪽

A

B

1. How, are **2.** Great, Thank

3. What, your **4.** My, is

5. to, meet **6.** I, am

C

(왼쪽 말풍선에서 오른쪽 말풍선 순서로)

How, are / Great, Thank

unit 10   26~27쪽

C

s	a	w	e	r
h	o	h	a	t
w	h	e	r	e
u	d	r	a	t
r	o	e	d	o

D

1. h, e, r **2.** o

 F

1. Where　　**2.** do

3. Where, do

4. Where, do, you

 unit 11　28~29쪽

 C

s	a	l	i	n
h	l	i	v	e
w	h	v	r	j
i	d	e	a	t
n	o	h	d	o

D

1. l, i, v　　**2.** n

F

1. live　　**2.** in

3. live, in　　**4.** I, live, in

 unit 12　30~31쪽

A

where　　do

 B

1. Where, do　　**2.** live, in

3. How, are　　**4.** Great, Thank

5. What, your　　**6.** My, is

 C

(왼쪽 말풍선에서 오른쪽 말풍선 순서로)

Where, do / live, in

 unit 13　32~33쪽

 C

s	a	l	i	n
n	n	i	c	e
i	h	h	r	j
c	d	x	b	t
e	o	h	a	o

 D

1. a　　**2.** i, e

F

1. a　　**2.** nice

3. a, nice　　**4.** a, nice, day

unit 14　34~35쪽

 C

t	o	o	i	g
n	m	i	y	e
i	h	t	o	j
c	y	o	u	l
e	d	o	k	o

 D

1. y, o　　**2.** o, o

 F

1. You　　**2.** too

3. You, too　　**4.** You too

unit 15　36~37쪽

A

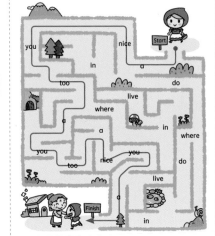

 B

1. a, nice　　**2.** too

3. Where, do　　**4.** live, in

5. How, are　　**6.** Great, Thank

C

(왼쪽 말풍선에서 오른쪽 말풍선 순서로)

a, nice / You, too

 unit 16　38~39쪽

 C

s	a	l	i	n
n	g	o	c	w
i	s	h	g	i
c	d	x	o	l
e	w	i	l	l

D

1. i, l, l　　**2.** o

F

1. will   **2.** go

3. will, go   **4.** I, will, go

 unit 17   40~41쪽

 C

s	h	a	v	e
h	f	u	n	w
a	i	h	g	f
v	d	x	o	u
e	w	d	l	n

D

1. h, v, e   **2.** u, n

F

1. fun   **2.** Have

3. Have, fun   **4.** Have fun

 unit 18   42~43쪽

A

B

1. will, go   **2.** Have, fun

3. a, nice   **4.** You

5. Where, do   **6.** live, in

 C

(왼쪽 말풍선에서 오른쪽 말풍선 순서로)

will, go / Have, fun

 unit 19   44~45쪽

 C

s	a	k	i	n
d	g	w	c	p
a	w	a	s	i
y	g	s	o	l
e	w	d	a	y

D

1. a, s   **2.** a, y

F

1. was   **2.** day

3. was, day

4. was, your, day

 unit 20   46~47쪽

 C

s	o	k	i	n
e	a	b	c	s
a	w	a	s	i
b	a	d	o	l
e	w	r	b	y

D

1. o   **2.** b, a

F

1. so   **2.** bad

3. so, bad   **4.** Not, so, bad

---

 unit 21   48~49쪽

A

so   bad

B

1. was, day   **2.** so, bad

3. will, go   **4.** fun

5. a, nice   **6.** You

C

(왼쪽 말풍선에서 오른쪽 말풍선 순서로)

was, day / so, bad

 unit 22   50~51쪽

C

l	l	y	a	n
i	t	i	b	l
k	h	g	k	i
e	e	x	e	k
c	t	h	e	e

D

1. i, k   **2.** h, e

F

1. like   **2.** the

3. like, the   **4.** I, like, the

 unit 23　　52~53쪽

C

f	u	l	l	f
u	j	m	y	u
l	m	o	r	e
l	q	r	u	t
a	y	e	k	c

D

1. f, l, l　　2. m, r

F

1. full　　2. More

3. full, More

4. you, full, More

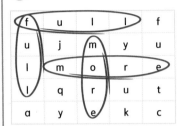 unit 24　　54~55쪽

A

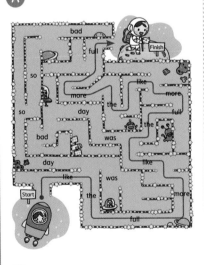

B

1. like, the　　2. full, More

3. was, day　　4. so, bad

5. will, go　　6. Have, fun

C

(왼쪽 말풍선에서 오른쪽 말풍선 순서로)

like, the / full, More

 unit 25　　56~57쪽

C

y	a	s	p	l
b	w	h	o	w
u	s	e	d	i
w	h	o	m	j
q	e	s	x	h

D

1. h, o　　2. s, h

F

1. Who　　2. she

3. Who, she　　4. Who, is, she

 unit 26　　58~59쪽

C

w	e	j	b	a	r
f	r	i	e	n	d
h	o	y	s	b	t
b	e	s	t	k	p
f	r	i	e	n	d

D

1. b, s, t　　2. r, i, n, d

F

1. best　　2. friend

3. best, friend

4. my, best, friend

 unit 27　　60~61쪽

A

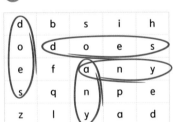

B

1. Who, she　　2. best, friend

3. like, the　　4. full, More

5. was, day　　6. so, had

C

(왼쪽 말풍선에서 오른쪽 말풍선 순서로)

Who, she / best, friend

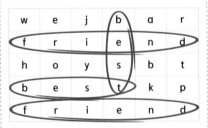 unit 28　　62~63쪽

C

d	b	s	i	h
o	d	o	e	s
e	f	a	n	y
s	q	n	p	e
z	l	y	a	d

D

1. d, o, s　　2. n, y

F

1. Does　　2. any

3. Does, any

4. Does, he, any

132

unit 29　64~65쪽

C

t	a	h	e	m
r	h	b	g	q
u	a	w	h	a
n	s	h	a	v
e	w	e	s	y

D

1. e　　　　2. h, a

F

1. he　　　　2. has
3. he, has　　4. Yes, he, has

unit 30　66~67쪽

A

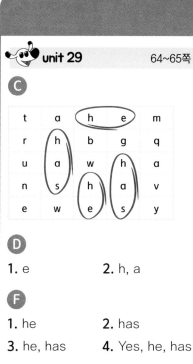

he　　　has

B

1. Does, any　　2. he, has
3. Who, she　　4. best, friend
5. like, the　　6. full, More

C

(왼쪽 말풍선에서 오른쪽 말풍선 순서로)

Does, any / he, has

unit 31　68~69쪽

C

w	t	i	m	e
p	i	g	a	k
k	m	e	c	b
g	e	t	u	e
s	o	f	t	m

D

1. t, i　　　　2. e, t

F

1. Time　　　2. get
3. Time, get　4. Time, get, up

unit 32　70~71쪽

C

k	a	i	t	g
n	x	d	y	n
o	t	o	v	o
w	s	u	n	w
m	i	t	h	b

D

1. t　　　　2. n, w

F

1. it　　　　2. now
3. it, now　　4. What, it, now

unit 33　72~73쪽

A

B

1. Time, get　　2. it, now
3. Who, she　　4. Does, any
5. he, has　　6. best, friend

C

(왼쪽 말풍선에서 오른쪽 말풍선 순서로)

Time, get / it, now

unit 34　74~75쪽

C

m	o	r	n	i	n	g
f	g	s	i	r	c	d
g	o	o	d	b	w	u
m	o	r	n	i	n	g
s	d	i	t	e	n	p

D

1. g, o, d　　　2. o, r, i, n

F

1. Good　　　2. morning
3. Good, morning
4. Good, morning, everyone

133

unit 35 76~77쪽

C

m	i	v	s	g
w	e	g	y	m
z	t	o	u	r
h	a	u	g	w
w	e	r	b	t

D

1. w **2.** o, r

F

1. our **2.** We
3. We, our **4.** We, will, our

unit 36 78~79쪽

A

B

1. Good, morning
2. We, our **3.** Time, get
4. it, now **5.** Does, any
6. he, has

C

(왼쪽 말풍선에서 오른쪽 말풍선 순서로)
Good, morning / We, our

unit 37 80~81쪽

C

u	b	l	i	a
l	o	o	k	t
d	f	o	n	y
s	c	k	m	e
j	z	b	a	t

D

1. o, o, k **2.** t

F

1. Look **2.** at
3. Look, at **4.** Look, at, this

unit 38 82~83쪽

C

d	a	n	e	w
r	b	t	h	e
n	t	h	i	s
e	r	i	p	v
w	g	s	o	y

D

1. h, i **2.** e, w

F

1. This **2.** new
3. This, new **4.** This, is, new

unit 39 84~85쪽

A

___ this   ___ new

B

1. Look, at **2.** This, new
3. Good, morning
4. We, our **5.** Time, get
6. it, now

C

(위쪽 말풍선에서 아래쪽 말풍선 순서로)
Look, at / This, new

unit 40 86~87쪽

C

r	t	i	r	h
e	e	c	p	u
a	c	a	n	z
d	e	n	t	j
r	e	a	d	m

D

1. a, n **2.** r, a, d

134

F

1. can   **2.** read

3. can, read

4. Who, can, read

 **unit 41**   88~89쪽

C

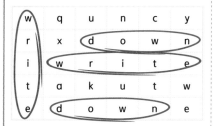

D

1. r, t, e   **2.** o, n

F

1. write   **2.** down

3. write, down

4. write, it, down

 **unit 42**   90~91쪽

A

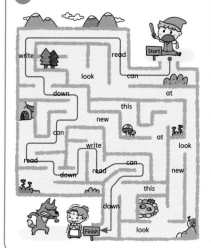

B

1. can, read   **2.** write, down

3. Look, at   **4.** This, new

5. Good, morning

6. We, our

C

(위쪽 말풍선에서 아래쪽 말풍선 순서로)

can, read / write, down

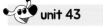 **unit 43**   92~93쪽

C

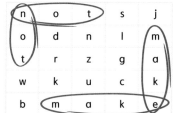

D

1. n, o   **2.** m, k, e

F

1. not   **2.** make

3. not, make

4. can, not, make

 **unit 44**   94~95쪽

C

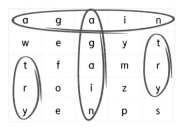

D

1. t, y   **2.** a, a, i, n

F

1. try   **2.** again

3. try, again

4. Let's, try, again

 **unit 45**   96~97쪽

A

B

1. not, make   **2.** try, again

3. can, read   **4.** write, down

5. Look, at   **6.** This, new

C

(왼쪽 말풍선에서 오른쪽 말풍선 순서로)

not, make / try, again

 **unit 46**   98~99쪽

C

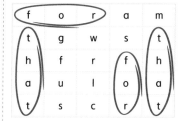

D

1. f, o   **2.** t, h, t

135

F

1. for　　　**2.** that
3. for, that
4. sorry, for, that

 unit 47　　100~101쪽

C

c	a	n	h	a
r	b	u	v	l
n	f	n	i	l
o	g	o	p	w
a	l	l	s	k

D

1. n　　　**2.** l, l

F

1. No　　　**2.** all
3. No, all　　**4.** No, at, all

 unit 48　　102~103쪽

A

for　　　that

B

1. for, that　　**2.** No, all
3. not, make　　**4.** try, again
5. can, read　　**6.** write, down

C

(왼쪽 말풍선에서 오른쪽 말풍선 순서로)
for, that / No, all

 unit 49　　104~105쪽

C

v	w	o	u	t
a	n	d	m	b
o	d	a	n	d
u	s	p	n	j
t	o	n	t	o

D

1. o, u　　　**2.** a, d

F

1. out　　　**2.** and
3. out, and　　**4.** go, out, and

 unit 50　　106~107쪽

C

c	h	e	r	e
h	b	u	p	n
e	r	s	h	j
r	m	u	a	z
e	o	p	l	i

D

1. u　　　**2.** h, e, e

F

1. up　　　**2.** here
3. up, here
4. Line, up, here

 unit 51　　108~109쪽

A

B

1. out, and　　**2.** up, here
3. for, that　　**4.** No, all
5. not, make　　**6.** try, again

C

(왼쪽 말풍선에서 오른쪽 말풍선 순서로)
out, and / up, here

 unit 52　　110~111쪽

C

b	a	s	u	p
r	o	h	t	l
h	r	c	h	a
w	t	h	e	y
p	l	a	y	m

D

1. t, h, y   **2.** p, a, y

F

1. They   **2.** play

3. They, play

4. They, are, play

 unit 53   112~113쪽

C

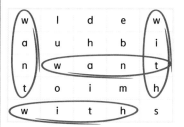

D

1. w, a, t   **2.** t, h

F

1. want   **2.** with

3. want, with

4. want, play, with

 unit 54   114~115쪽

A

B

1. They, play   **2.** want, with

3. out, and   **4.** up, here

5. for, that   **6.** No, all

C

(왼쪽 말풍선에서 오른쪽 말풍선 순서로)

want, with / They, play

 unit 55   116~117쪽

C

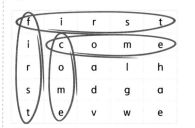

D

1. c, o, e   **2.** f, r, s, t

F

1. come   **2.** first

3. come, first

4. Homework, come, first

 unit 56   118~119쪽

C

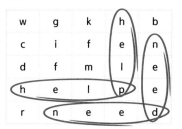

D

1. n, e, e   **2.** e, l, p

F

1. need   **2.** help

3. need, help

4. need, your, help

 unit 57   120~121쪽

A

need   help

B

1. come, first   **2.** need, help

3. Thay, play   **4.** want, with

5. out, and   **6.** up, here

C

(왼쪽 말풍선에서 오른쪽 말풍선 순서로)

come, first / need, help

 unit 58   122~123쪽

C

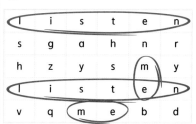

D

1. i, s, e, n   2. m

F

1. Listen   2. me

3. Listen, me

4. Listen, to, me

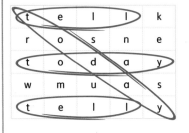
unit 59   124~125쪽

C

t	e	l	l		k
r	o	s	n		e
t	o	d	a		y
w	m	u	a		s
t	e	l	l		y

D

1. t, l, l   2. t, o, a, y

F

1. tell   2. today

3. tell, today

4. will, tell, today

unit 60   126~127쪽

A

B

1. Listen, me   2. tell, today

3. come, first   4. need, help

5. They, play   6. want, with

C

(왼쪽 말풍선에서 오른쪽 말풍선 순서로)

Listen, me / tell, today

Sight Words

어려운 사이트 워드는 반복해서 연습해 봐요!

한 번 봐도 두 번 외운 효과! **두뇌 자극** 한자 책

초등 1학년도 10일이면
8급 시험 준비 끝!

그림과 풀이말로 한자를 외우자!

세 박자 풀이말을 따라 읽으면 술술 외워져!

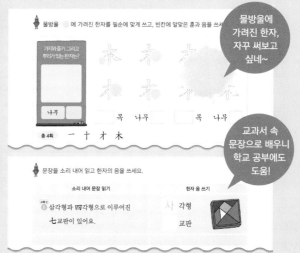

물방울에 가려진 한자, 자꾸 써보고 싶네~

교과서 속 문장으로 배우니 학교 공부에도 도움!

7급 ①, ②권과 6급 ①, ②, ③권도 있어요!

덜 공부해도 더 빨라져요!

바쁜 친구들이 즐거워지는 빠른 학습서

바빠 시리즈

덜 공부해도
더 빨라져요!

> 연산 기초를 잡는 획기적인 책!
> 교과 공부에도 직접 도움이 돼요!
> 남정원 원장(대치동 남정원수학)

> 학습 결손이 생겼을 때 취약한
> 연산만 보충해 줄 수 있어요!
> 김정희 원장(일산 마두학원)

베스트
셀러

📖 교과 연계용 바빠 교과서 연산

이번 학기 필요한 연산만 모은 **학기별** 연산책

- **수학 전문학원 원장님들의 연산 꿀팁 수록!**
  - 연산 꿀팁으로 계산이 빨라져요!

- **국내 유일! 교과서 쪽수 제시!**
  - 단원평가 직전에 풀어 보면 효과적!

- **친구들이 자주 틀린 문제 집중 연습!**
  - 덜 공부해도 더 빨라지네?

- 스스로 집중하는 **목표 시계의 놀라운 효과!**

* 중학연산 분야 1위! '바빠 중학연산' 도 있습니다!

📖 결손 보강용 바빠 연산법

뺄셈이든 구구단이든 골라 보는 **영역별** 연산책

- 바쁜 초등학생을 위한 빠른 구구단, 시계와 시간

- 바쁜 1·2학년을 위한 빠른 연산법
  - 덧셈 편, 뺄셈 편

- 바쁜 3·4학년을 위한 빠른 연산법
  - 덧셈 편, 뺄셈 편, 곱셈 편, 나눗셈 편, 분수

- 바쁜 5·6학년을 위한 빠른 연산법
  - 곱셈 편, 나눗셈 편, 분수 편, 소수 편

* ⬭ 표시한 책은 더 많은 친구들이 찾는 책입니다!

to	meet
I	am
what	your
my	is
how	are

만나다

Nice to meet you.

~해서

Nice to meet you.

~이다

I am Terry.

나

I am Terry.

너의

What is your name?

무엇

What is your name?

~이다

My name is Amy.

나의

My name is Amy.

~이다

How are you?

어떻게

How are you?

2 부모님이 단어 카드를 보여 주면 아이가 뜻을 말하게 해 주세요. 또 거꾸로도 해 보세요.

3 게임처럼 활용해도 좋아요. **예** 단어 카드를 식탁 위에 놓고 단어를 외치면 카드를 빨리 찾은 사람의 점수가 올라가는 거예요.

great	thank
where	do
live	in
a	nice
you	too

고마워하다

Great! Thank you.

훌륭한, 아주 좋은

Great! Thank you.

〈다른 동사 앞에서 질문하는 문장을 만들 때〉,
하다

Where do you live?

어디에

Where do you live?

~에

I live in Sejong.

살다

I live in Sejong.

좋은

Have a nice day!

하나의

Have a nice day!

역시

You too!

너, 당신

You too!

will	go
have	fun
was	day
so	bad
like	the

가다

I will go camping.

할 것이다

I will go camping.

재미

Have fun!

가지다

Have fun!

하루, 일, 날

How was your day?

~였다

How was your day?

나쁜

Not so bad.

너무

Not so bad.

〈말해서 이미 알고 있는 사물 앞에〉,
그

I like the pizza.

좋아하다

I like the pizza.

full	more
who	she
best	friend
does	any
he	has

더 많은

Are you full? More pizza?

배부른, 가득 찬

Are you full? More pizza?

그녀

Who is she?

누구

Who is she?

친구

She is my best friend.

최고의, 가장

She is my best friend.

어떤

Does he have any brothers?

〈다른 동사 앞에서 질문하는 문장을 만들 때〉,
하다

Does he have any brothers?

가지다

Yes, he has one brother.

그

Yes, he has one brother.

time	get
it	now
good	morning
we	our
look	at

얻다, 받다

Time to get up!

시간

Time to get up!

지금

What time is it now?

〈시간, 날짜 등에 대해 말할 때〉,
그것

What time is it now?

아침

Good morning, everyone!

좋은

Good morning, everyone!

우리의

We will start our class.

우리

We will start our class.

~에

Look at this.

보다

Look at this.

this	new
can	read
write	down
not	make
try	again

새로운

This is today's new word.

이것

This is today's new word.

읽다

Who can read this?

할 수 있다

Who can read this?

아래로

Please, write it down.

쓰다

Please, write it down.

만들다

I can not make it.

아니다

I can not make it.

다시

Let's try again.

시도하다

Let's try again.

for	that
no	all
out	and
up	here
they	play

저것

I am sorry for that.

~에 대해, ~을 위해

I am sorry for that.

모두

No problem at all.

~도 없는, 아니

No problem at all.

그리고

Let's go out and play.

밖으로

Let's go out and play.

여기에

Line up here.

위로

Line up here.

놀다

They are playing soccer.

그들

They are playing soccer.

want	with
come	first
need	help
listen	me
tell	today

함께
I want to play with them.

원하다
I want to play with them.

먼저
Homework comes first.

오다
Homework comes first.

도움, 도와주다
I need your help.

필요하다
I need your help.

나를
Listen to me, please.

듣다
Listen to me, please.

오늘
I will tell you today's story.

말하다
I will tell you today's story.